特色学校聚焦丛书　丛书主编　杨四耕

特色普通高中课程建设探索

潘红星 等◎著

华东师范大学出版社

丛书总序

好学校的性格色彩

这些年,我与中小学、幼儿园有许多"亲密接触"。从这些学校中,我发现了一个"秘密":好学校总有自己的性格色彩,总有自己的精神属性。

好学校有丰富的颜色

好学校一年四季都有风景。春天,你走进它,有各色花儿,红的像火,粉的像霞,白的像雪。夏天,你置身其中,绿草茵茵,就算骄阳似火,也有阴凉。孩子们可以踢球、打滚,可以任性。秋天,你老远就可以看到,枫叶红了,橘子黄了,婀娜多姿;冬天,你靠近它,香樟绿环绕着你,垂柳枝笼罩着你,你不会觉得单调。当然,环境的价值不在于"装扮",而在于让心灵沉静,让生命多彩。它是生命哲学的演化,是内心深处的讴歌与赞美。法国思想家卢梭说教育的核心是"归于自然"——回归"自然状态",回归人之原始倾向。善良总存在于纯洁的自然之中。好学校总是拥有自然的纯净与原始美,它努力让孩子们与美好相遇。静谧,美好——好学校是温润的。

好学校有足够的成色

成色是衡量一所学校教育境界的一个指标,是一所学校的"育人"含金量。如果一所学校的含金量定位为考试成绩,它的成色就是混浊的;如果一所学校的含金量定位为立德树人，它的成色就是清纯的。黎巴嫩诗人纪伯伦说过："我们已经走得太远，以至于忘记了为什么而出发。"教育是为着我们不曾拥有的过去，为着我们不曾经历的当下，为着我们不曾想到的未来。教育之原点在激发想象，而不仅仅是学习知识；教育之原点在发展理性，而不仅仅是讲授道理；教育之原点在鼓励崇高，而不仅仅是理解规范；教育之原点在丰富经历，而不仅仅是掌握技艺；教育之原点在温暖心灵，而不仅仅是强化记忆；教育之原点在强健身心，而不仅仅是发展智能；教育之原点在点亮人生，而不仅仅是预知未来。回归原点，是好学校的立场。不功利——好学校是纯粹的。

好学校有优雅的行色

优雅是让人向往的，有来源于生命本身的气质。每一个人都行色匆匆，孩子们被课业压得喘不过气来，教师被成绩比较而形成优劣阵营，这样的学校就不会是一所好学校。什么是好学校？孩子们表情舒展，教师们精神敞亮——每到一所学校，我总喜欢以这样的眼光去观察师生的生命状态。我发现，在好学校，孩子们的脸总是明晃晃的，有美好期待；教师的行色总是从容优雅，有专业自信。女孩子沁人心脾，男孩子风度翩翩，生命在人性层面焕发出动人光彩。一句话，每一个生命都自然而然地生长，这里有一种难以言说的气息在校园里弥漫开来、传播出去。面对此，我只能说：好学校是舒展的。

好学校有鲜明的特色

办学特色是一所学校整体呈现出来的系统性特征，集中表现在基于学校文化的课程体系。学校办得好不好，不在于规模有多大，而在于特色是否鲜明，是否有足以体现自己文化的课程架构。好学校行走在有逻辑的课程变革之路上，努力让学校课程富有倾听感，关注学生的学习需求；拥有逻辑感，建构严密的而非拼盘的课程体系；嵌入统整感，更多地以整合的方式实施而非简单地做加减法；饱含见识感，以丰富学生的学习经历为取向；提升质地感，课程建设触及课堂教学变革，课堂教学呈现出新的文化样态。一句话，好学校课程目标凸显内在生长，课程内容突出学习需求，课程结构强调系统思维，课程实施张扬生命活性，课程评价与管理彰显主体向度。好学校关注学习方式的多变性和场景性、学习时间的灵活性和可支配性、学习空间的多元性与舒适性、学习资源的丰富性和易得性，让所有的时空都成为课程场景，让孩子们学习作品的形成、展示、发布、分享成为校园里最美的景观，让时空展现出生命成长的气息和灵动。是啊，好学校有生命里最美好的记忆。

好学校有厚重的底色

厚重的底色不在于办学时间长短，而在于拥有强烈的文化自信。进入学校，我喜欢看墙上的"文字"。多年经验告诉我，文化不在墙上，很多时候，墙上的文字越多，学校的文化含量越低。道理很简单，大量文字堆放在墙上，说明这种文化还没有被老师们普遍认同，更谈不上内化于心、外化于行；说明这种文化还缺乏影响力，还没有被大众广泛接受，需要宣示和传播。一所学校是否拥有自己的教育哲学，是否拥有自己的教育信仰，是它"底色"如何的重要侧面。毫无疑问，好学校应该有自己的教育信仰。但是，教育信仰不是文字游戏，不是专家赐予的东西。信仰是从内心深处生长出来的，是从脚底下走出来的，是从指尖流淌出来的，是慢慢地生长、慢慢地走出来、慢慢地流淌出来的东西。唯有"慢慢地"才能"深深地"，"深深地"才能"牢牢地"，扎下根来，进入我们的灵魂，融入我们的血液，成为我们生命的构成，成为我们前行的力量。文化总是无言或少言，但让人作出判断和选择。好学校，你一走进去，一种向往感、追慕感、浸润感便油然而生。因此，好学校是柔软而有力的。

美国思想家梭罗在《种子的信仰》一书中把好学校比喻为"一方池塘"，每一个孩子在其中如鱼得水，自由自在，这就是"回归自然"的状态。不是吗？好学校总是这样的——温润，纯粹，舒展，美好，柔软而有力——这也是本套丛书聚焦的一批学校的性格色彩。

杨四耕
2017 年 11 月 11 日于上海市教育科学研究院

目 录

序 / 1

前言 / 1

第一章 学校历史与文化积淀

一、从"澄衷蒙学"到"澄衷高中" / 2
二、校训"持诚求真"的传承 / 6
三、由内而外的办学特色 / 8

第二章 学校特色发展的战略定位

一、普通高中特色建设的背景 / 16
二、对普通高中特色建设的理解 / 20
三、学校特色建设的定位 / 21

第三章 学校特色发展的顶层设计

一、愿景:具有鲜明特色的普通高中 / 26
二、理念:教育以开发性灵为第一义 / 28
三、目标:培养现代商业素养突出的澄衷人 / 30
四、方略:聚焦学校特色的内涵发展 / 32

第四章 特色课程的整体设计

一、学校特色课程的整体设计 / 36
二、学校特色课程结构建立 / 39
三、学校特色课程设置 / 46
四、学校特色课程实施 / 51
五、特色课程管理与保障 / 53

第五章 特色课程的深度聚焦

一、现代商业素养课程的实施路径 / 58
二、现代商业素养课程的学习聚焦 / 67
三、现代商业素养课程的认证评估 / 72

第六章 以学生综合素养的提升为关注点

一、在读书中涵养性灵 / 82
二、在课堂中收获成长 / 84
三、在活动中体验美好 / 86

第七章 以课程建设成就课程人

一、在校史研究中提升课程理解力 / 110
二、在学科整合中提升课程驾驭力 / 114

三、在活动设计中提升课程实施力 / 115

附录一：高中生现代商业素养培育的体验式课程开发研究报告 / 134
附录二：学校近五年开展的"澄衷讲坛"一览表 / 160

后记 / 163

序

　　以公民素养为视界,培养高中学生现代商业素养,促进学生的社会适应性发展,是高中教育以人为本、关注学生可持续发展的重要内涵。《上海市中长期教育改革和发展规划纲要(2010—2020年)》中就明确提出:"未来上海教育改革和发展,要以育人为本,把'为了每一个学生的终身发展'作为核心理念。"以理想信念教育为核心,以公民素质培养为重点,以健全人格培育为基础。这充分体现了学生综合素养培育的重要性。

　　上海市澄衷高级中学是由清末著名实业家叶澄衷创办的一所百年名校。学校素有重视商科教育的传统,注重培育学生的商业素养。具有悠久办学历史的澄衷中学,其"现代商业素养"特色教育是学校接续历史脉络、回应时代需求、创造美好前景的一次重要实践。当今社会,提升公民财经素养,关乎个人发展、家庭幸福、社会稳定和国家安全,面向公民的财经素养提升已是国际趋势。2018年,中国财经素养教育协调创新中心在北京发布了《中国财经素养教育标准框架》,而财经素养正是现代商业素养的重要组成部分。因此,进行高中学生现代商业素养培育的深入研究,具有非常重要的现实意义和实践价值。

　　本书是以澄衷高级中学潘红星校长主持的上海市教育科学研究项目"高中生现代商业素养培育的体验式课程的开发与实践"为基础形成的一本专著。该书从公民素养的普遍社会认同角度出发,聚焦于高中生现代商业素养培育,具有现实性和时代性。而公民素养是作为一个"合格公民"所应当具备的素质,当前也比较热议,该课题能以现代商业素养为视野进行研究,颇具创新性及实用性。

　　全书系统分析了本校学生在现代商业素养方面的现状特征,并指出发展中存在的核心问题,科学总结了产生问题的主要原因,在此基础上提出了相应的对策,最后,结合学校的教学实验,进行了深入探索与验证性研究。我认为,一所普通高中学校,能够独立承担该项课题实属不易,而且,他们还能在研究过程中,以科学、严谨的研究精神,通过理论结合实践,以教学实验来进行实证研究,并取得较为丰富的研究成果,最终出版成书,确实是一件非常值得庆贺的事情;同时,对于他们的钻研精神和实践探索的努力,我认为非常值得尊敬。

全书把以人为本、可持续发展作为主体脉络,清晰贯穿于整个研究的始终,使全书在结构上,以"历史——现状——问题——对策——实验"为结构框架,不仅科学合理,而且严谨严密,加之于后面总报告的归纳总结,使全书结构完善,紧凑而完整。此外,内容更是全书一大亮点,即,由于课题组做过大量的调查及教学实验,使全书不仅理论基础扎实,而且实践案例十分丰富,理实结合,内容翔实,颇具参考价值。

相信澄衷高级中学已经通过此次研究,有效推进了学校的办学实践,提升了办学质量,并在不断的特色办学过程中,取得新的成果。这也是我作为一名澄衷老校友深感欣慰的事情。我也期望更多的高中学校都能进行有质量的研究,从而更有效地开展教育实践,促进学生全面有个性地发展,使普通高中特色建设取得更大的成功。

2019 年 7 月 18 日

前　言

上海市澄衷高级中学是一所有着119年辉煌历史的百年名校。著名教育家蔡元培曾任学校校长,丰子恺、钱君匋等一批名师曾在澄衷任教,学校培养的数万名学子中,胡适和竺可桢是其中的杰出代表。学校创始人叶澄衷是"宁波帮先驱",学校历史上较长时期有商科存在,曾培养出一大批杰出的工商界名人;学校所在的北外滩是上海市航运和金融功能的主要承载区,上海正在建设的"五个中心"都和现代商业有紧密的联系。从2012年起,国际PISA测试将财经素养纳入其中,财经素养属于现代商业素养的范畴,现代商业素养的培育正成为当代高中生教育之必需。

学校是上海市第二批特色普通高中项目学校。学校围绕"陶冶性灵、启迪智慧、涵养气质"的办学理念,提出"育有个性的学生,塑有风格的教师,办有特色的学校"的办学理想。学校特色定位"现代商业素养培育"。我们从叶澄衷等一大批杰出的商界名人身上提炼其内涵,归纳为"商之术"、"商之法"、"商之道"三个模块,并和培养目标及相应的课程对接,作为学校学生核心素养培育和社会主义核心价值观教育的校本化载体。学校的特色创建从课程切入,从学科和活动维度划分课程,具体分为学科课程、拓展课程和综合实践活动课程,形成"三叶草"型课程结构。学校的现代商业素养培育特色课程从三条路径实施:与学科课程有机结合,与拓展课程广泛结合,与综合实践活动课程深度融合。根据普通高中学生的学段性质,我们将特色课程分层实施,既有惠及所有学生的特色课程,重在培养学生的现代商业素养兴趣;也有部分学生选修的特色课程,重在培育学生志趣;更有为少数学生量身定制的特色课程,重在培育学生的志向。特色课程的建设始终立足丰厚的校史资源和传统文化,让学校的优秀传统在当下的学校特色推进中以新的面貌呈现,让传统文化为当下的特色发展增光添彩。学校既有线下课程,也有线上课程,同时还把上海市名校慕课平台的课程资源作为学生的课程资源,设计特色评价方案,形成校本的特色评价内容,丰富上海市学生综合素质评价的实施内涵。

学校秉承开放办学的理念,借助复旦大学管理学院、上海立信会计金融学院、上海商学院等高校的力量；立足北外滩的地域资源，成立"上海市澄衷高级中学学生现代商业素养培育北外滩区域联动组织"（简称"澄衷商联"）；借力 JA 中国等社会力量、校友资源和家长资源，通过建设专兼职教师队伍，合力推进学校的特色建设。

学校的特色创建推进始终有市、区级课题的引领。本书既是学校特色建设阶段推进的初步成果，也是全体澄衷师生共同努力的结果，相信对同类学校的特色创建有借鉴意义。

学校特色创建推进过程中，始终获得区、市各级领导和专家的鼎力支持，在此，一并致以衷心的感谢。

本书的成书过程较为仓促，难免有不妥之处，敬请各位专家和同仁提出宝贵意见。

上海市澄衷高级中学校长　潘红星

2019 年 3 月

第一章 学校历史与文化积淀

上海市澄衷高级中学(以下简称"澄衷")坐落在上海虹口北外滩,创办于1900年。1899年,清末著名实业家叶澄衷以"兴天下之利,莫大于兴学"的慧眼和气魄,在上海虹口购地30亩,出资规银10万两,决定独自创办澄衷蒙学堂,并立下书面遗嘱,委托怀德堂董事组成澄衷蒙学堂董事会,筹建和管理学校。1900年初,澄衷破土兴建,年底落成,成为上海第一所由中国人创办的班级授课制的现代学校。

一、从"澄衷蒙学"到"澄衷高中"

(一) 学校的沿革

上海解放后,学校遇到了一系列的校际拆并,但在拆并过程中始终以澄衷为主体。

图1-1　澄衷蒙学堂

1955年,上海市教育局决定将上海市宁波旅沪同乡会第一初级中学(私立)并入私立澄衷中小学校。

1956年,学校在改为公立并命名为"上海市第五十八中学"之际,"私立澄衷中小学校"的小学部被上级主管部门划出,同时划出的还有澄衷校园西北角一块土地,建立"唐山路第一小学"。

1964年,根据虹口区人民政府的建议,经上海市教育局批复,把澄衷校园北部划出,建立"上海市嘉陵中学",建于1900年的澄衷蒙学堂也被划出。上海市第五十八中学依然保留高中和初中。

1989年,应"普通中学的高中部就近并入重点中学高中部"的上级要求,唐山中学高中部并入澄衷中学。

1993年10月,虹口区人民政府决定,将上海市嘉陵中学改名为"上海市澄衷中学分校";1994年8月,决定撤销该校,将其并入上海市澄衷中学。

(二) 校名的迭变

澄衷先后使用了六个校名:澄衷学堂(澄衷蒙学堂)、私立澄衷初高两等小学校、私立澄衷中小学校、上海市第五十八中学、上海市澄衷中学、上海市澄衷高级中学。

1900年,根据叶公遗嘱,学校定名为"澄衷蒙学堂";但根据这个校名,招生将局限在小学范畴,而当时澄衷办学实际,一开始就不限于小学,兼有中学、师范、商科等,所以对外就称为"澄衷学堂"。

1912年,学校根据辛亥革命后的政权所规定,"遵新章,改称'私立澄衷初高两等小学校'",但不久,学校在曹慕管校长的开拓下,先后恢复了初中和高中,改名为"私立澄衷中小学校",其间一度根据当时教育主管部门的要求,分为"私立澄衷中学校"和"私立澄衷小学校",但属于"两块牌子一套班子",校名并没有实质性的变化。

1952年9月,中央人民政府教育部发布《关于接办私立中小学校的指示》,开始对全国私立中小学校进行政府接办,改为公立。1956年,"私立澄衷中小学校"改名为"上海市第五十八中学",将小学部划出。

1959年,澄衷被确定为虹口区第一批重点中学。

1985年,根据广大校友的呼吁,学校向上海市人民政府申请"恢复校名"并获得批准,改名为"上海市澄衷中学"。

2003年,根据市政府的指示,重点中学高初中脱钩,澄衷不再招收初中学生,改名为"上海市澄衷高级中学"。

(三) 校史之"名"

1. 名校长。在119年的办学历史中,有21人担任校长,其中有在中国现代教育史上影响巨大的蔡元培,他在澄衷学堂任职虽然只有半年(初任教务主任,其间代理校长一个月),但他对澄衷的关心持续数十年。1937年还为澄衷建校38周年校庆纪念刊题写封面。蔡元培先生在上海的足迹是从澄衷开始的,好友许寿堂评价蔡元培:"因材施教始澄衷。"

图1-2 蔡元培

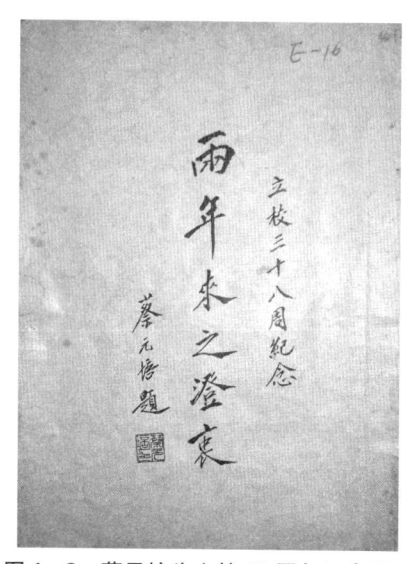

图1-3 蔡元培为立校38周年纪念题词

2. 名教师。叶公澄衷关于创办澄衷蒙学堂的书面遗嘱上有"延聘名师"的要求。一百多年来,澄衷的师资队伍中不乏中国近代史上著名人物,其中有刘树屏(晚清进士)、蔡元培(晚清进士,中国著名教育家)、章一山(晚清进士,太史)、白毓昆(著名地理学家、辛亥革命烈士)、杨天骥(书法大家)、杨荫杭(著名司法工作者)、杨敏曾(晚清举人,历史学家)、倪征燠(国际大法官)、余天遂(江南文豪)、蒋瑞藻(中国小说史研究先驱)、丰子恺(漫画家、散文家、翻译家、音乐教育家、美术家)、钱君匋(金石书画家)、王怀琪(体育教育家)、陈虞荪(著名新闻工作者)等。

图1-4 丰子恺

图1-5 王怀琪

3. 名教材。澄衷开办之初,编纂了《澄衷蒙学堂字课图说》、《小学本国史教科书》、《中学本国史教科书》、《澄衷学堂格致读本》、《新编外国地理》(四册)、《高等小学本国地理》、《亚洲地理教科书》、《欧洲地理》、《非洲地理》、《美洲地理》、《大洋洲地理》、《中学东洋文》、《中学西洋文》等一系列的教科书。这些教科书,都为近代中国中小学教科书的发展做出过贡献。其中特别有名的是由第一任校长刘树屏主持编印,请唐驼书写,吴子城绘图的《澄衷蒙学堂字课图说》,全书四卷八册,收字3 224个,配图近800幅。这套教材一出来,很快引起各地的重视,迅速地流传于全国。

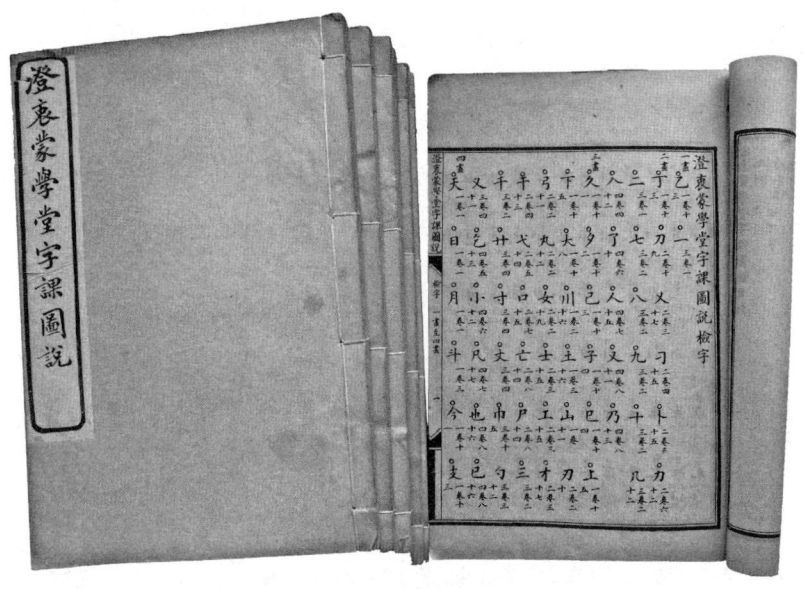

图 1-6　澄衷蒙学堂字课图说

《清史稿》卷 499 记载:澄衷学堂"制《字课图说》、修身、舆地诸书,诸校用之,以为善本"。中国著名作家茅盾(沈雁冰)晚年回忆自己启蒙时母亲为他选择的教材就是《字课图说》。1905 年到 1906 年在澄衷学堂就读的胡适在与曾在澄衷学堂任第六任校长的谢观见面时:"中国自有学校以来,第一部教科书,就是《澄衷蒙学堂启蒙读本》(即《字课图说》),这一部读本在中国教育史上,有着历史性的价值。"

4. 名学生。一百多年来,澄衷涌现了一大批优秀学子。其中学术成就最高的有胡适(现代著名学者、诗人、历史学家、文学家、哲学家,晚年任台湾"中央"研究院院长)、竺可桢(现代著名气象学家、地理学家、教育家,长期担任中国科学院副院长)、张慰慈(中国政治学研究先驱)、陈占祥(世界著名建筑规划师)、於崇文(地球化学动力学家,中科院院士)、陆道培(血液病专家,工程院院士)、俞梦孙(工程院院士)等。在中国艺术史上著名的有袁牧之(电影艺术家)、陆俨少(著名画家)、吴一峰(著名画家)、顾振乐(著名书画家)。在实业上著名的有李达三,香港及马来西亚声宝—乐声有限公司董事会主席兼卡尔登酒店集团董事会主席。1995年,李达三先生捐资333万元人民币,在原澄衷蒙学堂旧址与虹口区政府合建了"李达三楼",澄衷115周年校庆时,李达三先生捐资2 000万元人民币设立"李达三叶耀珍澄衷发展基金"。校史上被人民政府追认为革命烈士的有林炯、何友谅、俞时骧、史霄雯等。

图1-7 胡适

图1-8 竺可桢

1949年新中国成立以来,澄衷又涌现了一大批为社会作出杰出贡献的学子。杰出者有陈昌福(上海市社会主义学院副院长)、张定海(上海交通大学副校长)、尹后庆(上海市教育委员会副主任)、李仁德(中将)、戚世权(少将)、单霞丽(中国女子象棋冠军)、孙甘露(著名作家)、方守恩(同济大学党委书记)、欧阳华(上海大学副校长)等。

二、校训"持诚求真"的传承

(一) 校训的故事

晚清工商业巨子叶澄衷曾是一位"舢板少年",年仅17岁就摇着舢板,颠簸于浦江两岸。一次，一位英国洋行经理雇了叶澄衷的舢板渡江，情急之中把皮包落在船上。叶澄衷发现包内装着巨额洋钞及支票簿、凭证本等贵重物品。想到失主一定会焦急万分，就生意也不做，在原地等候。当失主匆匆赶来时，已是夕阳西下，叶澄衷在寒风中等得瑟瑟发抖。洋行经理开皮包一看，财物一样不少，喜出望外之余，抓出大把钞票塞给叶澄衷。没想到，这个中国"苦力"硬是不收，说这是自己应该做的。叶澄衷的诚信打动了洋行经理，当他得知叶澄衷在捎做五金生意时，当即表示愿意提供进口货源，等叶澄衷挣了钱再把本金还给他。

这个故事在当时被传为佳话，曾被编入民国小学语文教科书。外国船员们都知道这小伙子诚信可靠，很乐意买他的东西，小本生意也越做越红火。叶澄衷逐步当上了"五金大王"、"火油董事"，成为上海滩"宁波帮"中的领袖级人物之一。

图1-9　叶澄衷

（二）校训的传承

"诚朴"是学校创办者叶澄衷先生高尚品质的真实写照。1926年，澄衷把"尚诚朴"写入学校章程。百余年来，澄衷人都把"尚诚朴"的校训奉为"立校之根、治学之本和为人之道"。

首先，"诚朴"已融入毕业学子的血液，成为他们为人做事的准则。例如，我国第一位海牙国际法院大法官，曾任外交部高级法律顾问，早年就读于澄衷，又在澄衷担任过英语教师的校友倪征噢，他在学校九十周年校庆时，为学校题写了"诚朴是尚"四个大字，并且写上"追忆母校校训"六个小字，以示不忘校训。无独有偶，1937届校友，香港及马来西亚声宝—乐声（香港）有限公司董事会主席兼卡尔登酒店集团董事会主席李达三先生，在学校一百周年校庆庆典上，他说过这样一段话："不论任何情况之下，我牢记在澄衷求学时代朴实勤俭做人的校训。有几个原则，我始终不变，第一是勤力，包括工作勤力及不断吸收新的科技、新的管理方法；第二对人忠诚，以诚致信；第三俭约，如有盈余，一大部分用于再投资，上述三原则使我增强实力，平稳度过了历来商场的波浪，包括三年来稀有的东南亚金融风暴。"

而今,每一名新进澄衷的学子,学校安排的入学第一课必定包含校训内容的学习。每年三月,学校都会开展校训宣传月活动和"三诚"主题教育活动。每一名在校的澄衷学子都能讲叶公澄衷拾金不昧的故事,都能通过读《叶澄衷画传》,观演原创历史剧《天下之利》,学习叶澄衷身上更多的高尚品质。

(三) 校训的拓展

进入新世纪,根据新的教育形势发展需要,田志强校长在任时组织全校师生讨论,把校训拓展为"持诚求真"。持诚,做人行事要始终保持诚实、诚朴、诚信的品格;求真,说话做事要遵循规律,坚持探求真理。"持诚"与"求真"是相辅相成的。"持诚"是澄衷优秀文化传统的继承和延续,是"求真"开展工作的基石和保证;"求真"是澄衷优秀文化传统的光大与发展,是坚持"持诚"成效的集中体现。

三、由内而外的办学特色

一百多年来,澄衷各个阶段有各种办学特色,概括起来,主要体现在以下几个方面:

(一) 重视章程建设

学校创始人叶澄衷在他去世前18天,即1899年9月15日,给他企业的董事们写了一封不到400字的信,从信的内容看,这封信可视为叶公创办澄衷学堂的一份重要遗嘱。这份遗嘱主要有三层意思,其中第三层意思显示了他明确的章程意识:"悉心筹办,建造学堂房屋,订定一切章程,务求妥恰,克垂久远。"

诸董事根据叶公遗嘱,延聘刘树屏任首任总理(即校长),蔡元培任首任总教(即教务长),由他们酝酿、起草和形成了校史上的首份章程。至今,我们已发现校史中完整的章程有五份,光绪辛丑年(1901)《澄衷蒙学堂章程》、光绪壬寅年(1902)《澄衷学堂章程》、民国十五年(1926)《澄衷学堂章程》、民国十八年(1929)《私立澄衷学校章程》、民国十九年(1930)《私立澄衷中学校章程》。进入新世纪,随着虹口教育的"五个一"建设,学校章程较早的一稿完成于2006年,2012年进行第一次修订,2018年进行第二次修订。正是章程的引领和规范,守正和创新成为学校办学的主旋律。

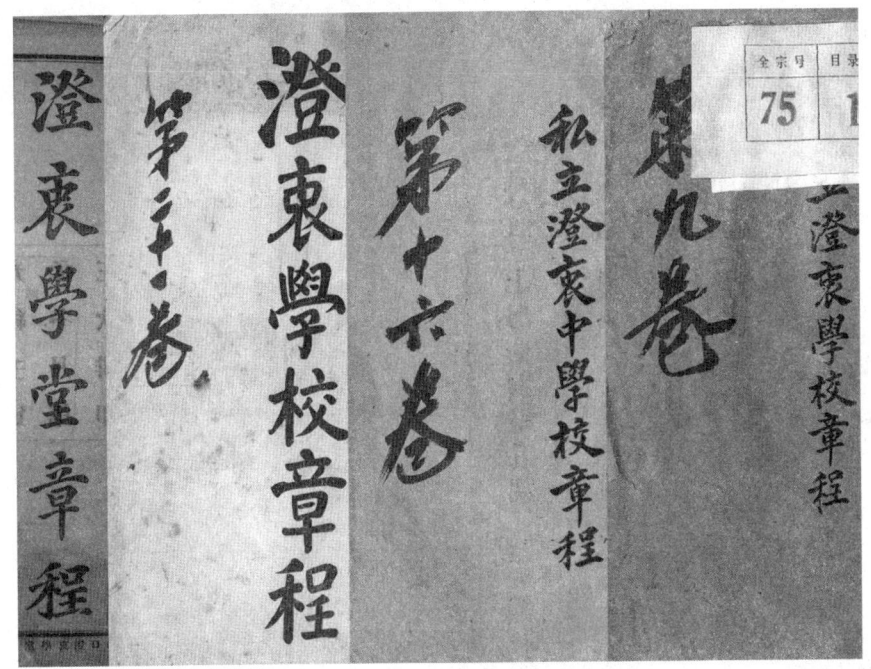

图1-10 澄衷章程

(二) 重视商科教育

学校办学之初的学级层进表中清晰地表明"商科"的存在,具体见下表:

```
                    ┌─ 高等小学（三年）─┬─ 中学（三年）── 师范（三年）
寻常小学（三年）─┤                    │
                    └─ 商业乙科（二年）─┴─ 商业甲科（二年）
```

长期以来,在课程设置中,澄衷具有"商科"特色。早在1902年,就已计划"选取80名"学生"专课商学"。1926年《澄衷学校章程》的"课程"一章里,初中设置了"初级中学普通科学分"和"初级中学商科学分",而在高中,则并列了"高级中学共同必修科"、"高级中学第一系文科必修科"、"高级中学第二系理科必修科"、"高级中学第三系商科必修课"、"高级中学选修科(第一系文科选修科、第二系理科选修科、第三系商科选修科)"。在必修科之外,将"文、理、商"并列,作为必修或选修课程。

第一章 学校历史与文化积淀 9

表 1-1　1926 年学校课程一览表

初级中学	普通科	公民、国文、英文、数学、史地、理科、艺术、体操
	商　科	公民、国文、英文、数学、史地、理科、簿记、商事要项、艺术打字、体操
高级中学	共同必修科	国文、英文、人生哲学、科学概论、体育
	文科必修科	国文、英文、数学、世界史、伦理学、经济学
	理科必修科	几何、三角、大代数、解析几何、理化
	商科必修科	国文、英文、数学、商事要项、簿记、经济
	文科选修科	人生地理学、伦理学、理化、数学、社会研究、教育学、心理学、文学史、第二外语（德语和日语）
	理科选修科	生物学、地文学、人生地理学、用器画、社会研究、地质学、天文学、微积分大要、平面测量、第二外语（德语和日语）
	商科选修科	世界史、商业史、理化、商业英文、税关保险、银行学、法律学、广告学、速记、第二外语（德语和日语）

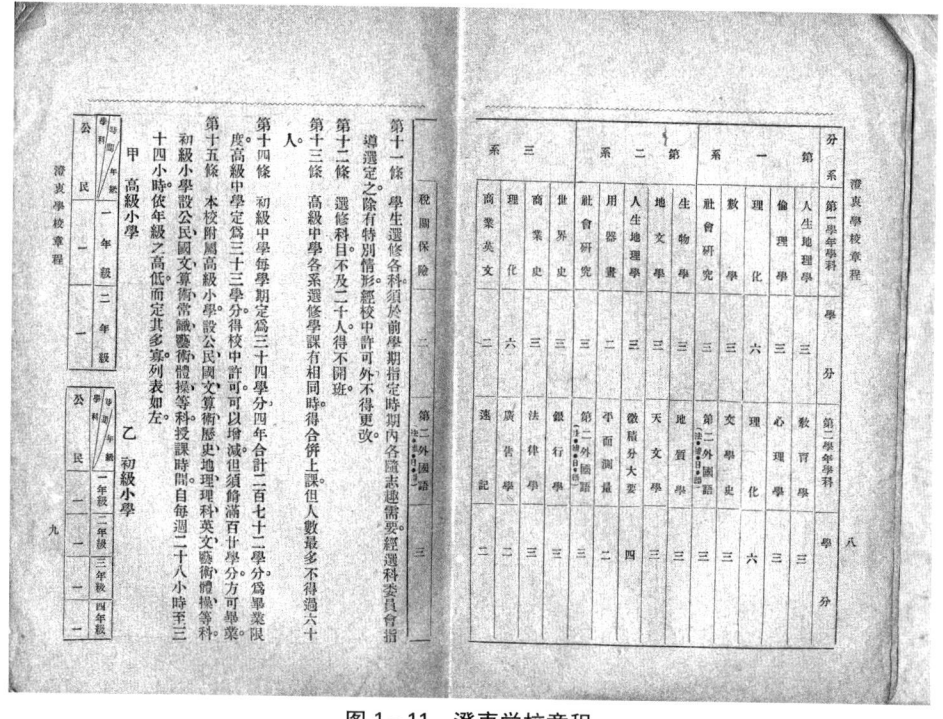

图 1-11　澄衷学校章程

学校培养出一大批叱咤商界的名人。仅以20世纪四五十年代为例,培养了上海市五金零件材料商业同业公会理事、上海鸿兴五金号经理朱鹤林,上海市洋酒食品商业同业公会理事、谨成食物号经理、金城食物号经理许任冠;上海卷烟厂工业同业公会理事长、上海市商会监事、中国工业协会上海分会理事、上海广益善堂副董事长、上海闸北延绪山庄董事、上海中国妇孺救济总会董事、中国华成烟草公司董事长、中国华一印刷公司董事长戴芳达等20余人,他们共同的特点是关注民生,主要从事的是民生实业。

(三) 重视社团

据1906年2月23日到7月26日《胡适澄衷学堂日记》记载,当时澄衷就有自治会、阅书社、集益会、理化研究会、讲书会、算术研究会、英语研究会、球会、运动会、安徽旅沪学会、化学游艺会、学艺会等社团,社团成为学生积极开展各类社会实践和科学研究活动的阵地,并从中锻炼学生的自主管理能力。

(四) 重视体育

早在1905年,澄衷就把每周三节"体操"课均安排在上午第二节。几个办学章程中,都强调"体操与国、英、算三门并重,不及格者不得升级"(如1926年章程第44条)。在1934年《私立澄衷中学校组织大纲》中,明确学校的行政系统"分教务、训育、体育、事务、经济五部"。

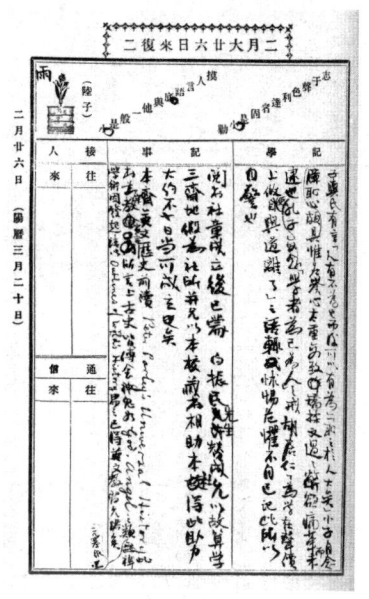

图1-12 胡适澄衷学堂日记

学校的体育在不同时期有不同的特色项目。早期,学校的篮球、足球、体操、武术等非常活跃。20世纪50年代,澄衷以篮球和船模为特色。澄衷的篮球水平在上海有"西有南模(南洋模范中学),东有澄衷"之称,一时称雄上海。20世纪七八十年代,澄衷的航模、船模特色得到发展,优秀的学生航模作品获得国际大奖;澄衷的船模作品展出时,周恩来总理等国家领导人前来参观。20世纪90年代起,澄衷以手球为特色,一度在上海大有名气。目前,学校是上海市武术传统项目校,有上海市第一届"九星武术达人"林思砚,学校教师林贝叶代表上海参加全运会3人篮球赛。

图 1‑13 叠罗汉图

（五）重视艺术教育

蔡元培先生在澄衷任校长时提出：用美育陶冶学生的心灵。胡适先生 1915 年在澄衷就读中学，从他当时的日记可知当年学校即开设了音乐、美术课。百年办学，学校培养了许许多多的艺术人才，其中仅与戏剧有关的有徐桑楚、袁牧之、陈鲤庭、张戈等，

图 1‑14 袁牧之

图 1‑15 陈鲤庭

这些艺术家在自传中都无一例外地说,我的艺术梦是在澄衷萌芽的。

(六)重视阅读和演讲

根据校史记载,从1914年起,学校在章程里规定了每学期六次请社会名流来澄衷演讲,至1937年,来校演讲的人数达150多人,其中有章太炎、蔡元培、胡适、竺可桢、马寅初、陶行知、黄炎培、林语堂、李公朴、陈鹤琴等中国现代史上杰出的人物。

除了重视演讲,学校还重视阅读,每年组织基于阅读的国文竞赛,许多有成就的艺术家在谈到自己的国学功底时,大多归功于在澄衷就读时的大量阅读。

(执笔人:潘红星,根据张立茂老师提供的校史资料整理而成)

第二章 学校特色发展的战略定位

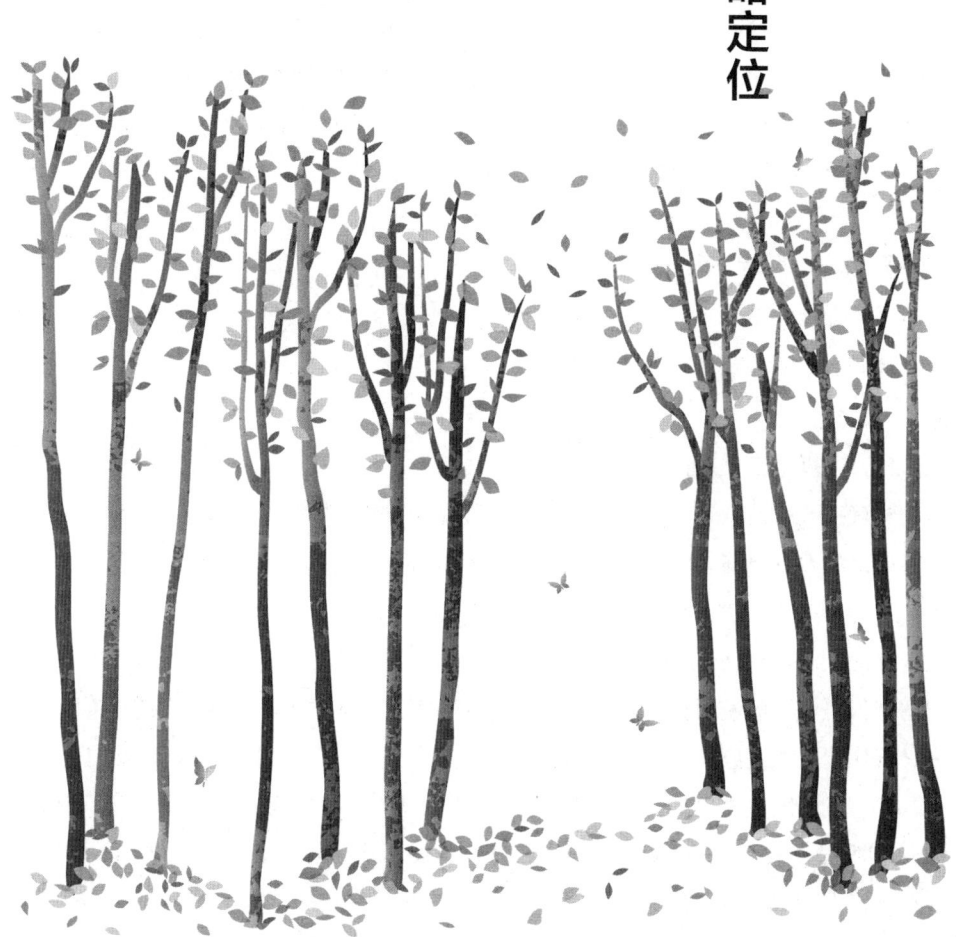

学校内涵发展一般会经历规范化、特色化、品牌化三个相对独立又相互衔接的阶段。实现规范办学之后,学校进入特色发展阶段。"规范"重点是解决办学的达标与满足学生共性发展需求的问题,而"特色"则是解决学校发展的个性与学生多元需求的问题。学校的特色发展不能脱离国家和地方政策的推动,同时,也不能脱离学校的历史、办学现状和学校的区域环境。国家和地方政策是学校特色发展的政策动力,而学校办学现状决定了学校特色办学的时机是否成熟。学校历史是学校特色发展的宝贵内在资源,学校所在的区域环境则是学校特色办学的外在资源。

一、普通高中特色建设的背景

普通高中特色建设主要基于以下两方面的考虑:

(一) 国家推动与地方推进

"特色建设"是近30年来我国基础教育发展的重要脉络之一。四次全国教育工作会议提出的教育战略,实质性地推动了基础教育特色建设的历程。

1985年《中共中央关于教育体制改革的决定》明确提出"在教育思想、教育内容、教育方法上,从小培养学生独立生活和思考的能力不够,发扬立志为祖国富强而献身的精神很不够",应该通过"坚决实行简政放权,扩大学校的办学自主权"、"改革同社会主义现代化不相适应的教育思想、教育内容、教育方法"等改革思路,培养"数以亿计"、"数以千万计"国家需要的人才。很快,上海从区域和学校层面对上述政策有了行动上的回应,即立足自身实际,着力探索学校特色建设。从区域层面,上海市普教"七五"发展纲要提出"办学要有特色、教学要有特点、学生要有特长"的思路。从学校层面,上海市建平中学则明确提出了"合格加特长"的育人目标,以及为服务这一目标而建立的

"合格加特色"的育人模式。

1993年,中共中央、国务院颁布《中国教育改革和发展纲要》,明确提出"中小学要由'应试教育'转向全面提高国民素质的轨道,面向全体学生,全面提高学生的思想道德、文化科学、劳动技能和身体心理素质,促进学生生动活泼地发展,办出各自的特色。普通高中的办学体制和办学模式要多样化"。上海从区域层面启动上海市实验性示范性高中建设工程,建立学校发展规划的制定和实施机制,带动、引领更多的普通高中通过规划的制定与实施,实现办学水平与质量的提高,逐步形成一批(全市56所)具有先进办学理念、鲜明办学特色和高质量办学成果的"优质高中示范群体"。

1999年《中共中央、国务院关于深化教育改革全面推进素质教育的决定》的出台,将"素质教育"提升到国家教育战略的层面。不久,基础教育课程改革开始启动。因此,这一时期对特色建设的共识是"与全面推进素质教育相统一",并通过校本课程建设这一新路径实施。如,上海市控江中学着手对上海二期课改的语文、数学、英语、物理和化学等教材进行一番适合本校学生实际情况的二次开发,并融入"自主发展教育"的思想。

2010年以来,随着普通高中普及化水平的不断提高和《国家中长期教育改革和发展规划纲要(2010—2020)》(以下简称《规划纲要》)的出台,学校特色建设迎来"多样化发展"的新时期。

《规划纲要》提出了"树立以提高质量为核心的教育发展观,注重教育内涵发展,鼓励学校办出特色、办出水平,出名师,育英才"的核心任务,尤其明确了"推动普通高中多样化发展"、"鼓励普通高中办出特色"的目标。在这样的政策背景下,2012年,上海市教育委员会出台的《关于推进本市特色普通高中建设的指导意见》指出"推进特色普通高中建设,促进高中教育多样化发展,是本市高中教育转型发展的战略选择,也是凸显普通高中教育独立价值的现实路径",随之出台的《上海市推进特色普通高中建设实施方案(试行)》提出"促进学生全面而有个性地发展,推动高中学校错位发展、特色发展和可持续发展"。《上海市虹口区中长期教育改革和发展规划纲要(2010—2020)》则提出:"到2020年,力争有50所学校成为全区有影响的特色学校,其中10—20所学校成为全市有影响的特色学校、品牌学校,全区所有学校基本形成'一校一特色'。"

从国家、上海到虹口区,实现普通高中多样化一个很重要的途径,就是创建学校某一领域的优势和特色,从而实现整体的卓越。

(二) 学校发展的内在需要

最近十多年间,在党中央"科教兴国"战略的指引下,学校曾先后制定并实施《2001—2003年上海市澄衷高级中学发展规划》、《2004—2006年上海市澄衷高级中学发展规划》、《2007年上海市澄衷高级中学发展补充规划》、《2008—2010年上海市澄衷高级中学创建素质教育实验性示范性高级中学发展规划》、《2011—2015年上海市澄衷高级中学发展规划》,澄衷办学取得丰硕的成果,赢得良好的社会声誉。学校先后获得上海市文明单位、上海市教卫党委系统文明单位、上海市安全文明校园、上海市传统体育项目学校、上海市学校系统共青团工作示范校、虹口区中小学实施三年发展规划先进单位、虹口区教育科研工作先进集体、虹口区校务公开工作先进单位、虹口区教育系统先进党组织、虹口区教育系统行风建设优秀单位、虹口区校本研修先进集体、虹口区见习期教师培训示范校、虹口区安全目标责任履职年度考核优秀校、虹口区学校系统共青团工作优秀校、虹口区行为规范教育三星级示范校、虹口区未成年人暑期工作先进集体、虹口区影视艺术教育项目学校等荣誉称号。

学校先后进行了"中学教研组教学、科研、培训三位一体的实践研究"、"问题与突破:基于教研组三位一体机制的高中教学环节针对性研究"、"高中生阅读素养发展的实践研究"三个课题的研究。其中"中学教研组教学、科研、培训三位一体的实践研究"2007年荣获上海市第九届教育科学研究成果二等奖,"问题与突破:基于教研组三位一体机制的高中教学环节针对性研究"荣获上海市第十届教育科学研究成果三等奖,"高中生阅读素养发展的实践研究"荣获上海市教育科学研究院第五届学校教育科研成果一等奖,2017年上海市教学成果二等奖。这三个课题先后获虹口区第九、第十、第十一届教育科研成果评比一等奖。这些课题的研究,凝聚了全校教师的智慧,营造了学校的科研氛围,提高了教师的科研水平和科研能力,学校年度绩效评价,科研得分多年名列全区高中第一。科研水平和科研能力的提高也带动了学校办学质量的提高,近几年,特别是实施新高考以来,学校的高考本科率节节攀升,不断刷新纪录。这为学校特色内涵发展提供了较好的现实基础条件,学校特色建设时机已成熟。

这些年来,通过师生共同努力,学校各方面工作都取得了不少成绩,但是存在的差距也是显而易见的,促使我们思考的困难和问题也是比较突出的,这些困难和问题困扰着学校的下一步建设。

一是教育改革的发展给学校的办学和管理带来了前所未有的挑战。随着国家和上海市《规划纲要》的推进,国家和上海教育综合改革方案的出台,学校办学遇到了前所未有的挑战,特别是学校如何克服传承与创新、理想与现实的矛盾,如何遵循教育规律办学,在办学中如何"促进学校内涵发展,办出自己的特色",来真正实现学校自主发展,从而保持百年老校的品牌和声望,是困扰我们、也是促使我们必须认真考虑的首要问题。

二是拼盘化和碎片化的课程是制约学校特色发展的突出问题。虽然学校按二期课改的要求开足开齐三类课程,基础课程在过去的十多年中也始终有课题引领,学校近几年的教学质量不断攀升。但不可否认的是学校三类课程彼此间的关联性并不大,学校开设的拓展、研究课程更多的是看学校有什么课程资源,谁的基础课课时量相对不足,而不是从学生的需求出发。从宏观的层面来看,传统的学校文化特色没有得到彰显,学校的办学理念、培养目标、课程理念、课程结构等之间缺乏系统考虑和建构,学校课程呈现拼盘化和碎片化,存在较大的随意性。

三是师资队伍高端人才的缺失仍是制约学校特色发展的重要问题。虽然过去的十多年里,学校在教研组建设方面投入大量的人力、物力,在师资队伍建设方面取得不俗的成绩,特别是教科研方面,有多项课题立项为市级课题和区级重点课题,多项成果获市、区级科研成果等第奖,但由于历史原因,我校教师队伍的能力结构和职称结构始终存在着比较大的问题,师资现状不容乐观,面上表现为教师专业发展意识不强,专业发展的动力不足,与特色发展相关的师资缺乏,突出表现在高级教师比例偏低,高端人才缺失,学校仅有一位教师参加过上海市双名工程的培养,仅有二位教师参加过上海市中青年教师教学大奖赛,暂无区级的学科带头人。

四是学生自主发展意识和能力的培养亟待加强。虽然学校具有明确的培养目标,也能根据培养目标制订相应的教育教学计划,并付诸实践,试图努力提高学生的综合素质,但就学生整体而言,受应试教育的影响还比较深,比较偏重于学科书本知识的学习,长期处于被动学习状态,自主学习能力以及自主发展的意识比较弱;同时,教师们也偏重于知识传授,对于学生如何有效地"学"研究较浅较少,缺少对于学生自主学习能力培养的方法。尽管学校一再倡导教学相长,鼓励教师深入学生群体,研究学情、学法和个体差异,甚至把"研究学生"作为实验项目来促进研究,试图通过这种形式和手段来提高教师对学生自主学习、自主发展的重视程度,但效果仍不理想。

综上所述,虽然学校特色建设时机已成熟,但建设什么特色才能撬动学校的整体发展?怎样建设特色?需要缜密思考和系统设计。

二、对普通高中特色建设的理解

普通高中特色建设要从正确的学校特色内涵理解入手,这是学校特色建设的逻辑起点。

(一) 普通高中特色的内涵

理解普通高中特色的内涵,首先要理解普通高中教育的基本特性是共性与个性的统一体。

我国高中教育的定位"是九年义务教育基础上进一步提高国民素质、面向大众的基础教育",这一界定体现了普通高中教育的三大基本特性:基础性、预备性和大众性。所谓基础性,指普通高中依然属于基础教育,要肩负着国民素质提高的基本功能,是在九年义务教育基础上进一步提升国民素质,要为学生的终身发展奠定基础。所谓预备性,即普通高中担负着升学预备和就业预备两大预备功能。对升学预备的正确理解,不仅要帮助学生取得理想成绩,升入理想高校,更要为学生未来顺利完成高校的学业任务作好充分的准备。所谓大众性,就是随着我国社会的整体发展,高中阶段教育已基本普及,高中教育也从过去的"精英教育"转变为"大众教育",从"面向少数人的高中"转变为"为了人人的高中"。基础性、预备性、大众性构成我国普通高中教育的共性,正是这些共性,决定了普通教育呈现出共性的特征,即"千校一面"的"同"。

由于每所高中所处的区域环境不同、历史传统不同、发展阶段不同、发展条件不同,教师、学生和家长的情况不同、办学理念不同,等等,所以,每所高中的教育都可以形成自己的个性和独特的育人模式,呈现出"千校千面"的"异"。

理解普通高中特色内涵,其次还要对"学校特色"和"特色学校"有正确辨析。

有观点认为学校特色是单向特色,特色学校是整体特色;有观点认为学校特色与特色学校二者是一致的;也有观点认为学校特色和特色学校是两个根本不同的概念,它们各有不同的适用范畴,不能相互替代。根据《上海市推进特色普通高中建设实施方案》,学校特色建设推进分"特色项目、学校特色、特色学校"三个阶段,因此,我们认为学校特色是特色学校发展之前的一个阶段。

由此,普通高中特色的内涵可以理解为:从学校实际出发,立足自身办学传统、文化积淀、师生特点以及办学资源等因素,找准学校特色发展方向,并以特色领域为主线,定出发展规划,形成系统引领和支撑学校发展的办学思想、发展目标、课程体系、教师架构、管理制度、资源体系和辐射机制。

(二) 普通高中特色建设的理解

"普通高中特色建设"是实现"普通高中特色学校"(也即《上海市推进特色普通高中建设实施方案》所提的"特色普通高中")的谋划、实施和评估的过程。

首先是对普通高中特色建设的价值理解。对普通高中进行特色建设既是国家和地方政策的要求,更是学校自主发展的需求;既是学校发展的手段,也是学校阶段性发展的目标,但归根结底是手段,是通过特色建设,形成独特的人才培养模式,促进学生个性发展,在此过程中,提升教师专业发展水平和学校知名度。

其次是对普通高中特色建设的资源理解。学校在进行特色建设中要有开放的资源观,要有借船出海、借力发展的意识和能力。胡庆芳博士在《特色普通高中建设的上海行动透视》一文中,将上海三批共56所学校特色建设的经验归纳为五种主要模式:"附属大学,特色移植型"、"资源联盟,特色集成型"、"植根传统,基因传承型"、"发掘优势,学科做强型"、"前瞻思考,把握趋势型"。无论哪一种模式,都是在立足本校的基础上,通过借力高校、社区等社会力量来进一步加强特色的。

三、学校特色建设的定位

(一) 什么是特色定位

什么是定位?在企业营销史上,杰克·特劳特(Jack Trout)在美国《产业营销》杂志上发表了题为《定位:同质化市场突围之道》的文章,他认为所谓定位就是令你的企业和产品与众不同,形成核心竞争力,以此来突破同质化瓶颈。

在当前学校教育千校一面的背景下,我们认为特色定位就是学校在对学校内外环境作科学分析的基础上,经过研究、决策所确定的学校特色以及发展方向。

特色定位决定了学校未来的发展方向,有助于突破"千校一面"现象,体现学校的个性。

(二) 我校的特色定位

我校在对学校办学传统进行系统梳理,对教师进行全员问卷,对学生通过座谈进行需求分析,多次邀请市区专家实地调研和分析的基础上,根据特色定位的三维思考,依照"人无我有,人有我优"的特色定位一般原则,将学校特色定位为"现代商业素养培育"。

第一维:学校内部相对竞争优势。此维度是指特色定位时综合考虑学校内部的人力、物力、财力、师资、学科、课程、活动等内部多方面已有的办学成绩、存在的问题,找出学校内部相对竞争优势。

第二维:学校外部比较竞争优势。此维度是指进行特色定位时要充分考虑学校所处地区的整体情况,包括学校所在地区的人文环境、经济环境、自然环境、其他学校特色建设现状等因素,从这些外部因素的比较分析中确定本校与兄弟学校相对竞争的优势,作为学校特色发展项目的备选。

第三维:未来发展趋势分析。此维度是指从考虑社会政治、经济、文化、科技等未来发展趋势,寻求高中建什么特色以及特色建设目标。

第一、第二和第三维度的"交集"就是合适的特色定位,既具备前瞻性、独特性,又具备可行性。

根据特色定位的三维思考,对我校的现代商业素养培育特色定位作以下分析:

一是学校的创始人叶澄衷是清末著名的企业家。他靠诚信打下了生意基础,先做贸易,再办实业,后进金融,经营范围广布于五金、煤油、机器、钢铁、洋烛、罐头食品、火柴、钱庄、运输等领域,因此,他被公推为"宁波帮的先驱"。学校校史上较长一段时间有商科存在。学校在不同历史时期培养出一批批商业巨擘。如,宁波中兴中学(前身是叶氏义庄)和上海市澄衷高级中学可谓同宗同源,从宁波叶氏义庄和澄衷中学走出了邵逸夫、包玉刚、李达三等商业巨擘,他们的血管里分明流淌着叶公澄衷的文化因子。他们靠勤俭起家,靠诚信发家,他们乐善好施,回报家乡、回报母校、回报社会。

二是上海"五个中心"建设,即国际经济中心、金融中心、贸易中心、航运中心和科创中心的建设,需要学校加强学生现代商业素养的培育,以使培养的学生未来能更好地服务于上海城市建设的需要。学校所处的北外滩,作为上海市金融和现代航运服务功能的双重承载区,截至2018年底拥有4 600多家航运服务企业,获批"中国邮轮旅游发展实验区",成为全国首个"航运服务总部"基地,引入中船保商务管理有限公司等龙头企业和机构,各类金融企业超过1 200家,率先成立对冲基金园区,引进华菁证券等优质金融机构,这些为学校的特色创建提供了丰富的区域资源。

三是提升公民财经素养,关乎个人发展、家庭幸福、社会稳定和国家安全,面向全民的财经素养提升已是国际趋势。如,美国早在20世纪90年代就开始将财经素养教育纳入国民基础教育体系中;英国2000年把财经素养教育正式列入了英格兰的学校教育系统;澳大利亚2005年出台的《消费者和财经素养的国家框架》中,财经素养教育覆盖的学段从幼儿园到十年级;日本金融宣教中央委员会将2005年定为日本"财经素养教育元年"。在此背景下,自2012年起,由OECD组织的国际学生评估项目(PISA),增加了一个新的国际选项——"财经素养"(Financial Literacy)测试。这是大型国际测试项目首次引入"财经素养"概念并加以评估。令人欣喜的是,2018年1月23日,中国财经素养教育协同创新中心首次在北京发布《中国财经素养教育标准框架》。财经素养作为现代商业素养的重要组成部分,学校通过提升学生的现代商业素养,解决本校高中学生财经素养缺失的共性问题,更好地满足学生未来发展需要,提升学生未来生活的幸福指数。

根据上述三维分析,学校依照"人无我有,人有我优"的特色定位一般原则,最终特色定位"现代商业素养培育",这既是对校史资源比较后的慎重选择,也是立足学校地域资源之后的深思熟虑,更是为了学校明天的主动选择。

以国家相关规定为指导,贯彻"为每个学生提供适合的教育"的理念,在"现代商业素养培育"特色定位的基础上,通过定出学校特色发展规划,形成系统引领和支撑学校发展的办学思想、发展目标、课程体系、教师架构、管理制度、资源体系和辐射机制,让百年老校重新焕发青春活力。

(执笔人:潘红星)

第三章 学校特色发展的顶层设计

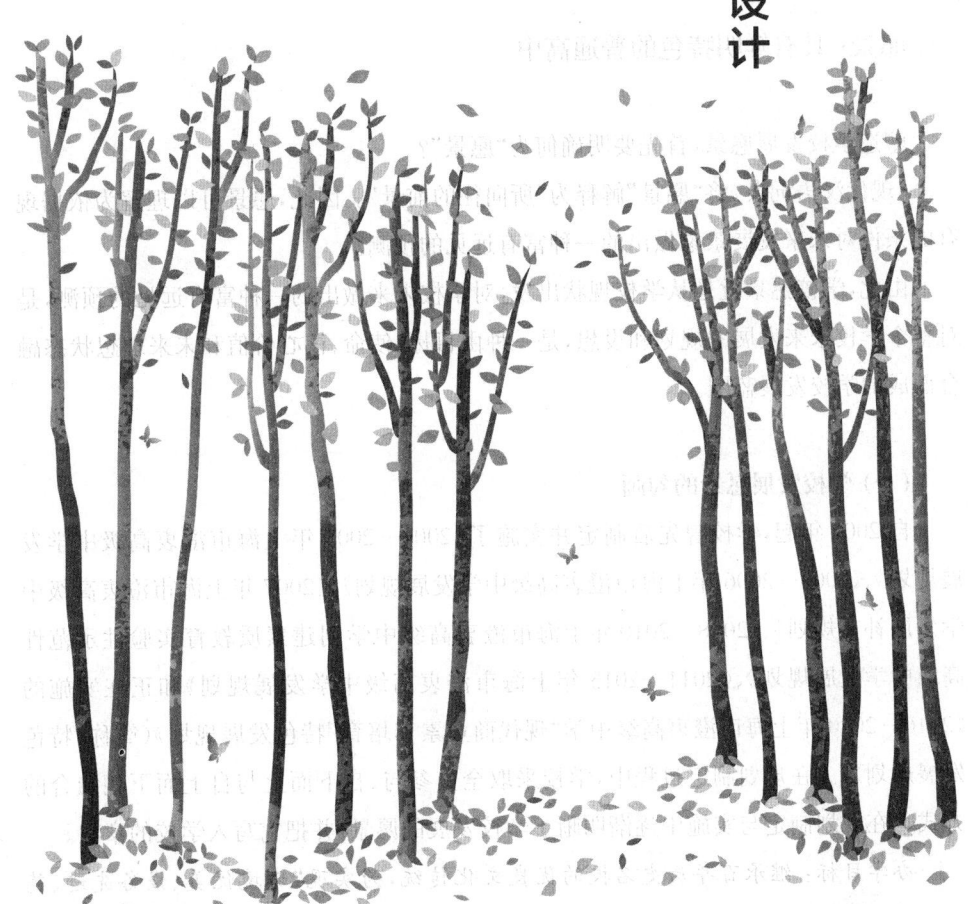

作家黄易在他的作品《寻秦记》中写道:"愚人生活在昨天,凡人生活在今天,唯有智者,是生活在明天的。"学校校长与领导团队,如何才能为明天的学校,做好今天的构想,并用今天的扎实工作,走向理想的明天呢?这就需要做好学校的顶层设计。

一、愿景:具有鲜明特色的普通高中

塑造学校发展愿景,首先要明确何为"愿景"?

《现代汉语词典》将"愿景"解释为"所向往的前景"。因此,愿景可以理解为依据现有的条件对未来发展景象做出的一种富有远见的预测。

由此,学校愿景就是从学校现状出发,对学校未来做出的一种富有远见的预测,是对整个学校未来发展的规划和设想,是一种由目标、使命、核心价值和未来理想状态融合而成的学校发展蓝图。

(一)学校发展愿景的勾画

自2001年起,学校曾先后制定并实施了《2001—2003年上海市澄衷高级中学发展规划》、《2004—2006年上海市澄衷高级中学发展规划》、《2007年上海市澄衷高级中学发展补充规划》、《2008—2010年上海市澄衷高级中学创建素质教育实验性示范性高级中学发展规划》、《2011—2015年上海市澄衷高级中学发展规划》和正在实施的《2016—2020年上海市澄衷高级中学"现代商业素养培育"特色发展规划》(简称《特色发展规划》)。在规划制定过程中,学校采取全员参与、自下而上与自上而下相结合的方式。在规划制定与实施中逐渐明晰了学校发展的愿景,并把它写入学校的章程。

办学目标:继承百年历史名校的优良文化传统,为实现"环境优美、设备先进、德育为先、科研领先、特色鲜明、师资雄厚、管理科学、优质高效的上海市知名特色普通高中"而努力工作。

作为一所有一百多年历史的上海市知名老校,实现办学目标的基本思路是"传承与创新",既要传承学校优良的文化传统,又要结合当下的办学要求,与时俱进,不断创新。

学校办学目标决定并演绎出"顶层设计"的两个基本构架的二级系统,即学校组织系统和学校非组织系统。组织系统包括学校德育工作、科研工作、课程和教学工作、师资队伍建设、总务管理等。学校组织系统根据办学目标分别形成适应各自职能的目标。学校非组织系统包括制度设计和文化设计。学校非组织系统同时根据顶层规约,形成系统的制度设计和文化设计。

(二) 学校特色建设目标

学校特色建设目标是学校办学目标的阶段性体现,是学校正在实施《特色发展规划》的重要组成部分,包括四个方面的子目标:

1. 实验性目标

探索基于"性灵教育"思想的"现代商业素养培育"特色管理机制和课程体系等,完成"现代商业素养培育"特色高中探索性研究阶段的成果提炼。

2. 主体性目标

造就性灵教师,培养性灵学生。努力使更多的教师参与"现代商业素养培育"特色课程开发,一批教师有自己的"现代商业素养培育"特色课程成果。全体学生都能进入商业基地体验"现代商业"文化,一定比例的学生能萌生"现代商业"兴趣。

3. 示范性目标

通过媒体报道、承办大型活动、成果鉴定、校刊、校园网和微信公众号等途径宣传和推广"现代商业素养培育"特色创建成果,在校园文化、教改实验、特色课程、教师发展等方面发挥历史名校辐射作用。

4. 条件性目标

不断完善办学条件,建构一个富有历史底蕴的"现代商业"学习场,为"现代商业素养培育"特色普通高中建设提供保障,包括:建设"现代商业素养培育教育馆"(校园环境),创建"现代商业素养培育"特色网站;成立"现代商业素养培育特色普通高中研究中心"等。

围绕学校特色建设目标,学校除了拟定整体的特色发展规划外,各部门同时明确了相配套的德育工作、学校课程、科研工作、校本培训等五年发展思路。

二、理念:教育以开发性灵为第一义

办学理念作为学校的主导理念,影响和决定着学校的整体发展,引导和支配着学校运行的全过程。每一所学校都应该拥有属于自己的办学理念,这样才能为学校的科学发展提供方向指引,才能为实现办学目标提供精神动力和信念支持。

性灵教育是澄衷办学的关键词,学校办学理念为"陶冶性灵,启迪智慧,涵养气质"。

(一)性灵教育思想的来源

第一,性灵教育源于对校史的追溯。

在《叶澄衷给怀德堂诸董事的信》中,叶公澄衷表明了办学的初衷:"澄衷半生艰苦,自惭学问未深。每思造就人才,必须有人提倡,久欲在沪虹口设立学堂,延聘名师,专以教授中国经书为作人之根本,俾无力从师者,皆得就学焉。""庶几从此学习之人,学有进益,大则可望成才,小亦得以谋业。""大则可望成才,小亦得以谋业"这是性灵教育的最初之源,是叶公澄衷对学校教育培养什么样的人的最朴素思考。

1901年开办之初,刘树屏、蔡元培等教育家先后出任校长,并根据叶澄衷的遗嘱制定了《澄衷蒙学堂章程》,为学校发展奠定了很好的基础,为我们留下了宝贵的办学文化遗产。章程教习的第三条明确指出:"训蒙以开发性灵为第一义。教者了然于口,听者自了然于心;即或秉质不齐,亦宜循循善诱,不必过事束缚,以窒性灵。"

1901年《字课图说》书前凡例第8条:"然欲执童子而语此,除名动静类外,不特于讲解,且恐阻窒其性灵也。惟为之师者,则不可不知。"

两个重要的文本同时提到性灵。一个是校史上有开山鼻祖意义的首份章程,一个是至今仍有广泛深远影响的识字启蒙教材《字课图说》。

纵观学校的办学历史,学校在不同的时期形成的特色不同(第一章有阐述,这里不再重复),但有一点是共同的:学校始终把培养活生生的人作为教育的最终目的,懂得适时地为不同的学生发展留白,不用冷冰冰的分数作为评价学生发展的唯一标准。因此,在认真研究校史的基础上,我们把学校教育关键词定为"性灵教育"。

第二,性灵教育的理论基础。

首先,性灵教育符合因材施教思想。早在2500多年前,我国伟大的教育家孔子就提出了"有教无类"和"因材施教"的思想。同样,在西方世界,人的差异性也很早被关注到。柏拉图在他的经典著作《理想国》中把理想国中的人分为三个阶层,即劳动者、守护者和统治者。他认为这三种人禀赋不同,因此,应该有不同的教育。由此看来,无论东方还是西方,对人的差异性的认识是基本一致的。

其次,性灵教育是"自然教育"思想的另类表达。卢梭的自然教育思想也是性灵教育的一个重要理论来源。卢梭在《爱弥儿》第二卷中所说:"真正自由的人只想他能够得到的东西,只做他喜欢做的事情,这就是我的第一基本原理。只要把这个原理应用于儿童,就可源源得出各种教育原理。"

当然,性灵教育也是多元智能理论的具体反映。20世纪80年代,美国著名发展心理学家、哈佛大学教授霍华德·加德纳博士提出,人类的智能是多元的,每个人都有不同的智能优势组合。不同的智能组合决定了每个人后天能力的差异。不同智能类型的人,有不同的能力特点,也有不同的职业选择。即使是智能类型相近的人,其发展水平和发展速度也存在差异。所以,每一个人都有自身的优缺点,这个世界上不存在完美的人。

总之,传统教育的思想精华和现代教育的智慧,为学校性灵教育提供了重要的理论基础。

第三,性灵教育契合政策需求。

《规划纲要》提出:"要以学生为主体,以教师为主导,充分发挥学生的主动性,把促进学生健康成长作为学校一切工作的出发点和落脚点。关心每个学生,促进每个学生主动地、生动活泼地发展,尊重教育规律和学生身心发展规律,为每个学生提供适合的教育。"学校的性灵教育契合了《规划纲要》的精神,具有前瞻性、科学性和实践性。

第四,性灵教育对接办学实践。

1999年在二期课改的背景下,学校提出"育人为本,有效发展"的办学理念,这在当时应试教育一统天下的背景之下,极具前瞻性,因此,也对推进学校的素质教育,提升办学质量起了很大的作用。

当前,我们把学校教育关键词定为"性灵教育",提出"陶冶性灵,启迪智慧,涵养气质"的办学理念,其精神实质是一脉相承的:教育为了人的发展。所不同的是"陶冶性灵,启迪智慧,涵养气质"和"育人为本,有效发展"相比,思考更进了一步:"育什么样的人?""怎样育人?""怎样才是有效发展?"因此,可以看作是"育人为本,有效发展"办学理念的继承和发展。

(二) 办学理念的内涵

学校的办学理念"陶冶性灵,启迪智慧,涵养气质",具体包含以下内涵:

其一,教育的起点是有秉质差异的人。只有教师真正意识到自己面前每一个生命个体各有各的不同,各有各的精彩,教育才有可能真正发生。因此,学校教育要让研究学生成为常态,要让尊重学生成为自然。

其二,教育的实施方法是因材施教。学校和教师要为学生尽可能多地搭建平台,让他们有选择的自由,让他们在选择中发现自己的兴趣与天赋,从而得到最优的发展。因此,学校要让丰富成为常态,要让选择成为习惯。

其三,教育的目的是为了每个人的主动地、生动活泼地发展。教育重在唤醒和发现,去引导每一个学生发现自己的天赋才能,去成为最好的自己,在此过程中,教育还要学会留白,学会等待,留出发展的空间和时间。

三、目标:培养现代商业素养突出的澄衷人

培养目标,是指学校依据国家的教育目的和学校的性质、任务提出的具体培养要求。

我校依据国家教育目的,学校是普通高中的性质和学校近阶段特色发展的任务,确定学生培养目标,并把它写入学校章程。

学生培养目标:能服务于未来社会的德、智、体、美、劳全面发展的合格高中生,成为现代商业素养突出,重责任、讲诚信、有性灵、能创新、善自律、会合作的澄衷人。

(一) 我校培养目标的制定依据

一是依据国家教育目的。教育目的是培养人的总目标。按照《教育法》的规定,我国现阶段的教育目的是"培养学生的创新精神和实践能力,造就'有理想,有道德,有文

化,有纪律'的德、智、体、美等方面全面发展的社会主义事业的建设者和接班人"。我校培养目标依据国家教育目的制定,是国家教育目的的具体化。

二是依据中国学生核心素养。教育部最新颁布的《普通高中课程方案》(简称《方案》)对普通高中的性质规定"在九年义务教育基础上进一步提高国民素质、面向大众的基础教育",对普通高中的任务规定"促进学生全面而有个性的发展,为学生适应社会生活、高等教育和职业发展做准备,为学生的终身发展奠定基础"。我校的培养目标依据国家对高中学生的培养目标要求制定,因此,核心素养的培育是我校学生培养的应有之义。

三是依据学校文化积淀和近阶段的特色发展任务。"重责任、讲诚信、有性灵、能创新、善自律、会合作"是学校优秀传统文化的体现,在过往一百多年的办学历程中,我们都可以找到深深的烙印,并正深刻地影响着今日学校的办学。

总之,"重责任、讲诚信、有性灵、能创新、善自律、会合作"也都是现代商业素养最基础的核心素养,学校通过基础特色核心素养的培育,满足学生多元发展需要。

(二) 我校培养目标的内涵

学校的培养目标是依据国家教育目的,结合学校的传统、当下学生素养发展要求和现代商业的基础核心素养后确定的,包括认知、能力和价值观三个维度:

表3-1 学校培养目标内涵表

培养目标	重责任、讲诚信	有性灵、能创新	善自律、会合作
认知	明信义 懂担当 强职责	顺天性 广见闻 辨是非	习法度 晓方法 遵规则
能力	守承诺 慎独处 担使命	悦纳己 葆纯真 勇创新	能自省 亲人和 会协商
价值观	奉献情怀 自觉意识 公民精神	率真自然 独立精神 自由人格	规则意识 共赢理念 团队精神

四、方略：聚焦学校特色的内涵发展

确立学校特色发展目标、办学理念和学生培养目标，仅仅为我们指明了方向，是学校特色发展的第一步。学校真正的特色发展则依赖于理念的落实。理念属于观念层面，实践属于具体的行为，它们之间不能直接沟通与连接，而是需要一个既能体现理念又能指导实践的中介，于是，我们基于学校实际状况，结合《规划纲要》对高中教育的特色发展要求和学校未来发展的内在需要，确立了办学方略。

（一）明确理念，培育文化

在深入解读学校历史文化的基础上，在宏观把握国家对高中教育基本要求的前提下，在将学校办学理念进一步凝炼为"陶冶性灵，启迪智慧，涵养气质"之后，学校通过"育有个性的学生，塑有风格的教师，办有特色的学校"学校文化的培育，让国家人才培养要求和学校办学理念落地生根，深度推进学校的特色建设。

（二）完善课程，融合特色

广义的课程是指学校为实现培养目标而选择的教育内容及其进程的总和，它包括学校老师所教授的各门学科和有目的、有计划的教育活动。

学校在融合特色，完善课程体系的过程中，采用迭代更新的思路。学校现代商业素养培育特色课程融合的路径也越来越清晰。学校在现有课程基础上，学科课程有机结合现代商业素养培育还将加大力度，进一步解放思想，变"德育课程"为"课程德育"，各学科编写学科有机结合现代商业素养培育的课程纲要，全员参与深度推进学校特色建设。学校拓展课程与现代商业素养广泛结合，不断地研磨推出精品课程。学校不满足于追求有一批教师的慕课在上海市名校慕课平台推送，未来希望在更高端的平台和更大的范围共享。学校综合实践活动课程与现代商业素养深度融合，在现有的基础上，加大总结研讨的力度，形成自己学校的特色课程品牌，并把一项项特色课程的"珍珠"串成一条璀璨夺目的项链，进一步为学校的特色建设增光添彩。

学校还将加大课程评价的探索力度，使学校特色评价成为学校特色课程的重要组成部分，并和上海市学生综合素质评价有效对接。

(三) 教师为本,管理保证

学校充分利用区人才建设金字塔平台,包括教学新秀、教学能手、区骨干教师、区学科带头人、区学科培训工作室主持人、区学科培训基地主持人、区学科高地理事长等七个层级,校内增设校骨干教师、校名师工作室,强化分层培训,甚至尝试因人定制,通过走出去、请进来、任务驱动、师徒带教等多种方式,提升教师的专业化水平,使"塑有风格的教师"成为教师的自觉追求。

学校管理追求四种境界:第一种境界是依法依规的"制度型"管理;第二种境界是创设公平公开环境的"民主型"管理;第三种境界是走近师生,深度了解师生需求的"服务型"管理;第四种境界是顺应人性特点,重在调动每个人的积极性,追求人尽其才的"欣赏型"管理。

(四) 优化课堂,性灵取向

学校通过强化教研组的顶层设计,发挥教研组在课堂优化方面的生力军作用。学校更要形成制度,通过新教师亮相课,组内教师"一师一优课,一课一评价",校内每学期组织校骨干教师及以上层级的教师开校级示范课,一年一次组织教师开展教学大奖赛,鼓励教师进行区市级公开教学等,多措并举,聚焦课堂,决战课堂。

学校除了关注教,更要关注学。通过课堂实践的结构化设计和推进,追求每一名学生的课堂成长,不仅追求学生浅表性的参与,更要追求学生思维品质的发展,课堂的生命成长。

(五) 活动创新,体现特色

学校对已有的中学生理财大赛、商业嘉年华、学生领导力培养、"双导"学生生涯规划、现代商业素养研学旅行、特色社团和研究性学习、澄衷学子观演《天下之利》等活动,不断地丰富其内涵,扩大其影响力,由校内向校外延伸,让更多的学生参与其中。

围绕学校的培养目标,学校课程设计既要全面考虑,又要突出重点,突出"诚信"培养重点,通过加盟立信会计诚信联盟,校内成立诚信文化研究中心等多种方式,结合学生的日常生活和社会主义核心价值观教育,力争让诚信教育成为国内中学中的品牌。

学校通过设立"学生创客基金",鼓励学生创新,并在更多的市级、全国级、甚至国际级的比赛中展露才华。

(六) 环境浸润,物化特色

学校通过设立"诚信文化长廊",校史馆设立"澄衷工商名人堂",学校设立"李达三书院"等,通过各种体验场馆,物化特色,鼓励学生发挥自己所长,服务于广大师生,尝试创新创业,让学生在环境浸润中接受潜移默化的教育。

总之,通过"明确理念,培育文化;完善课程,融合特色;教师为本,管理保证;优化课堂,性灵取向;活动创新,体现特色;环境浸润,物化特色"办学方略,聚焦学校特色的内涵发展。

(执笔人:潘红星)

第四章 特色课程的整体设计

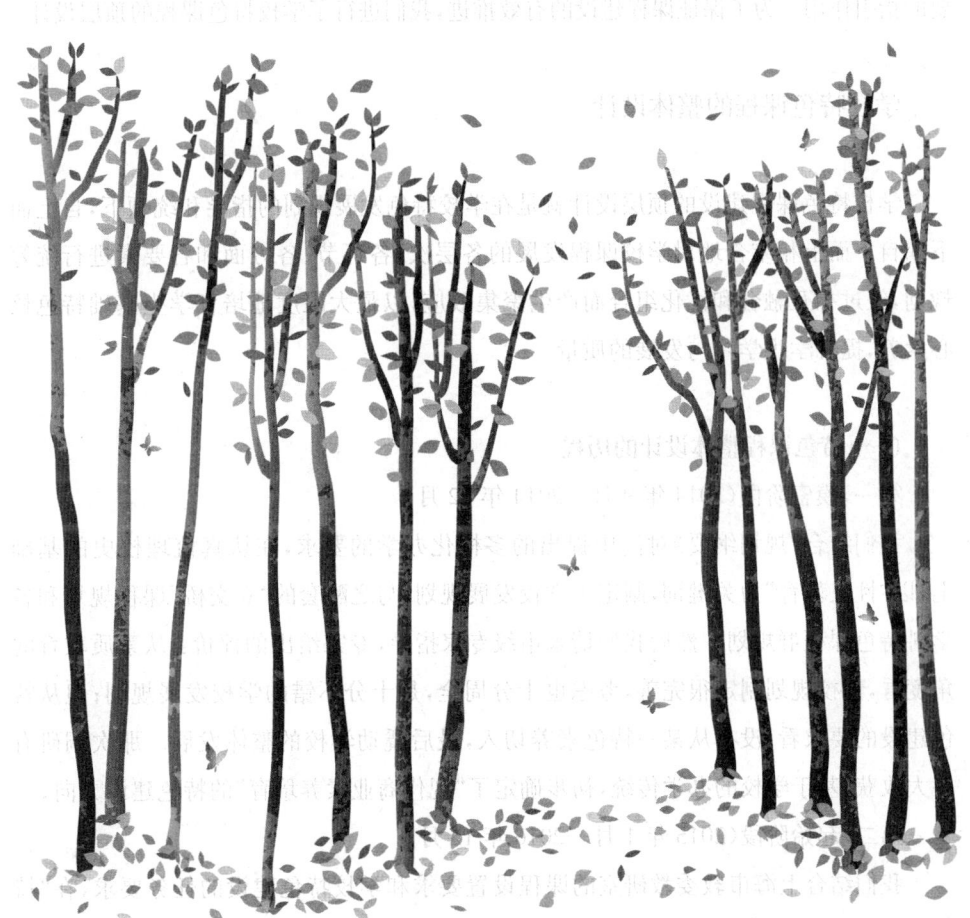

学校课程是学生素养发展的基础,是学校特色发展规划的核心组成部分,是学校形成办学特色的重要实施载体。学校特色课程建设的顶层设计是围绕学校办学理念和为实现特色办学目标而对学校课程建设的整体设计,它对学校课程的建设与实施具有重要的指引作用。为了保证课程建设的有效推进,我们进行了学校特色课程的顶层设计。

一、学校特色课程的整体设计

学校特色课程建设的顶层设计就是在学校特色发展规划的指导和统领下,自上而下和自下而上相结合地对学校课程发展的各层次、各环节、各方面和各要素进行统筹规划,经过相互融合和优化组合而产生聚集效应,以最大限度地培育学生基础特色核心素养,提升学生学习与发展的质量。

(一) 特色课程整体设计的历程

第一,摸索阶段(2014年9月—2014年12月)

我们结合《规划纲要》对高中提出的多样化办学的要求,在认真梳理校史的基础上,以"性灵教育"为关键词,制定了学校发展规划、与之配套的"立交桥"课程规划和各学科特色课程群规划。然后我们请来市级专家指导,专家给出的评价:从素质教育的角度看,学校规划制定很完善,考虑也十分周全,是十分不错的学校发展规划;但从特色建设的要求看,没有从某一特色素养切入,最后撬动学校的整体发展。那次调研有很大收获,基于学校的办学传统,初步确定了"现代商业素养培育"的特色建设方向。

第二,起始阶段(2015年1月—2016年12月)

我们结合上海市教委教研室的课程设置要求和学校特色建设的任务要求,在"持诚求真"校训和"陶冶性灵,启迪智慧,涵养气质"办学理念的指引下,设计了"持诚课程"、"求真课程"、"商济课程"三类课程,形成了"三叶草型"的性灵课程结构。强调文科学习重在培养学生"持诚"的品格,理科学习重在培养学生"求真"的精神,商济课程突出体验性,通过拓展课、研究课、社团活动和社会实践活动培育学生现代商业素养,随之形成第一稿的学校特色课程规划。这一稿特色课程规划在日常交流的过程中,被相关专家问得最多的问题是"持诚课程难道不需要求真吗?求真课程难道不需要持诚吗?商济课程难道不需要持诚求真吗?"也就是说学校课程的分类结构不清晰。

第三,完善阶段(2017年1月—2017年12月)

感谢上海市特色普通高中项目组组织的历次学习。在参观学习其他特色普通高中办学经验的过程中,我们也在不断地反思自己学校的特色课程规划,并在不断修改的过程中使学校的特色课程规划结构逐渐清晰起来。所以,学校的特色课程规划采用的是"迭代设计"的思路,目前学校的特色建设课程规划也一定不是终结稿,我们在实践的过程中还将不断地去完善和丰富。

(二) 特色课程整体设计的依据

一是时代和社会发展要求。当前,知识经济社会已现端倪,创新成为社会发展的核心动力。为了帮助学生适应未来急剧变化的社会,仅仅传授给学生知识是远远不够的,更需要培养学生认知能力、合作能力、创新能力和职业能力这四种关键能力和必备品格。这就要求学校教育做出改变,改变传统的较为封闭的办学模式,广泛吸纳社会资源参与办学,赋予学生更多的参与、体验和选择的机会。

二是高考改革要求。2014年上海市启动了新高考改革,在依据统一高考和高中学业水平考试成绩、参考综合素质评价"两依据一参考"模式下,推行多元录取机制;上海高考进入"3+3"新时代,理论上有20种组合,注重培养复合型人才。3年后的2017年我校迎来了新高考的第一届毕业生,文理不分科,物化生史地政启动"六选三"模式,各科满分70分计入高考;取消"本科批次"认定,高考取消"一本"控分线,保留"本科"控分线;高考英语科目执行"一年二考",取较高分计入高考……新高考改革要求学校课程与之相适应,并快速地做出调整,学生走班上课成为常态,同一个年级的不同学生拥有不同的课程表。

三是学生发展要求。学校的特色建设要契合普通高中学生的特点。普通高中学生和中专、职校、技校学生有同有不同,同的是都属于高中阶段教育,不同的是普通高中属于基础教育,中专、职校、技校属于职业教育,学生的培养以就业为取向;普通高中学生也不同于高校学生,前者属于基础教育,后者属于高等教育,以系统的专业学习为主。因此,普通高中学生的特色课程必须从最基础的特色课程核心素养切入。通过特色课程的学习,帮助一部分学生培养兴趣,一部分学生发展为志趣,还有一部分学生发展为未来的志向。学校的特色课程必须有分层意识,既要有惠及全体学生的课程,又要有供一部分学生选择的课程,满足学生的多元发展需求。

四是立足校史资源。学校优秀的办学文化始终是学校特色课程开发最重要的资源。学校立足丰富的校史资源开发学校特色课程。如,学校有请名人来校演讲的传统。今天的学校办学传承了这一特色,每学期邀请2—4位知名校友或社会贤达来校举办讲座,每位嘉宾结合自己的职业和亲身经历确定演讲题目,每一次讲座就是一门微课程。

(三)课程整体设计的思路

第一,强调育人为先。课程,是学生素养发展的基础。学校通过课程这一重要载体实施全员、全程、全方位育人。因此,学校课程设计应本着育人为先的原则,所有课程都应对学生的德行成长和精神升华起积极作用。转变过往的德育仅靠班主任和德育团队,仅把它放在思想品德课、社会实践和班主任工作上,从少数几门的"德育课程"向面上的"学科德育"转变,实现德育和智育的融合。

第二,重视课程融合。现代商业素养培育和学科课程有机结合,和拓展课程广泛结合,和综合实践活动课程深度融合,通过课程的融合,克服特色课程和学科课程两张皮的现象,共同服务于学生核心素养的培育。

第三,呈现立体结构。学校从活动—学科维度,必修—选修维度,综合—分科维度建构课程,课程追求立体化,既可横向拓展,又可纵向加深。从活动—学科维度反映的是课程的价值取向;从必修—选修维度,反映的是学生选择课程的自由程度;从综合—分科维度,反映的是课程内容的横向结构。

第四,体现课程成群。学校建立了以学科为主线的课程群和现代商业素养培育为核心的课程群。学生可以在课程群里根据自己的发展方向和兴趣爱好自主选择,落实学生的课程选择权。与单一的课程相比,课程群的优势在于,可以使同一学科领域的课程向不同的方向延伸,如,我校物理学科在基础学科课程基础上,规划有"生活物理"、"科技物理"、"闯关物理"、"动手物理"、"体验物理"、"物理学史"、"奇妙物理"、"天文物理"等8门趣味物理课程,从而使课程体系化、结构化。从课程开发的角度看,课程群有利于实现课程建设的规模化和协同化。

二、学校特色课程结构建立

课程是学校教育的载体,课程品质决定教育质量。学校课程建构应立足学校的基础,特别是要以学校办学理念和育人目标作为学校特色课程建构的逻辑起点,理性解读课程价值,建构课程框架。

(一) 学校课程理念与目标

学校根据"陶冶性灵,启迪智慧、涵养气质"的办学理念,首先确立了符合实际、彰显学校育人特色的课程理念。

第一,学校课程理念强调基础性、选择性、体验性、整合性和时代性。

课程基础性包含两层意思:第一层意思是指学科课程的基础性,面向全体学生,依据学科核心素养,精选学生终身发展必备的品格和关键能力,构建共同基础。第二层意思是强调现代商业素养特色课程的基础性,既不同于职校技校,为培养学生的就业定向服务,也不同于商科类高校,为培养专门人才而系统学习,而是立足于普通高中学生,通过基础特色核心课程,培养学生与特色紧密相关的核心素养。

课程选择性也包含两层意思:第一层意思是指学科课程在保证每个学生达到共同基础的前提下,充分考虑学生不同的发展需求,结合学科特点,遵循学习科学的基本原理,分类分层设计可选择的课程内容,引导学生形成个性化的学习方案,促进学生的自主发展。第二层意思是现代商业素养特色课程的分层选择,既有惠及全体学生的特色课程,重在激发学生兴趣,也有针对一部分基础较好学生选修的特色课程,重在培养学生的志趣,还有程度较高学生选修的特色课程,重在培养学生的专业志向。

课程的体验性是指以学生为中心,培养学生在真实的情境中,通过自主体验、问题化学习和项目化学习,主动获取知识,培养终身学习和可持续发展的能力。

课程的整合性通过三方面体现:通过关注知识与技能、过程与方法、情感态度价值观等目标间的有机联系;关注学科间的联系与整合;增强课程内容与社会生活、高等教育和职业世界的内在联系,体现课程内容的整合。

课程的时代性是指课程内容应当体现社会主义核心价值观,反映当代社会进步、科技发展和学科发展前沿,紧密联系学生生活与经验,并根据时代发展需要及时调整、更新。

第二,课程是学校实现其育人目标的最重要载体,而育人目标也是特色课程建设的重要依据。

根据学校"能服务于未来社会的德、智、体、美、劳全面发展的合格高中生,成为现代商业素养突出,重责任、讲诚信、有性灵、能创新、善自律、会合作的澄衷人"的培养目标,学校既把学生核心素养(分为"文化基础、自主发展、社会参与"三个方面,综合表现"人文底蕴、科学精神、学会学习、健康生活、责任担当、实践创新"六大素养)作为我校课程的共同目标,又把"重责任、讲诚信,有性灵、能创新,善自律、会合作"作为学校特色课程所要达到的总体目标,其内涵如下:

表4-1 培养目标的年级表现和要求(即年级课程目标)

课程目标 \ 培养目标	重责任、讲诚信	有性灵、能创新	善自律、会合作
高一	以校风、校史为切入点,明确"信义"的内涵与外延,继承中华传统,在生活中守住自己的底线原则,做到"然诺",积极思考自我与社会的联系,培养学生的奉献意识。	加强学校特色课程的建设,拓宽学生的眼界与心胸,使其具备一定的辩证思维,达到能准确地自我认知,保留自身固有的率真与自然,寻找自我价值的突破点。	通过养成教育和军训、学农等实践活动,植入法律法规的概念,结合学科渗透,多线并行,潜移默化地传递规则意识,引导学生反思自我,融入集体。
高二	结合"三诚"教育,搭建学校实践平台,践行诚信品质,探索个体在广博社会中的地位,培养"慎独"的个体思辨精神,丰厚人文积淀,促使自觉意识的产生。	依托校会、班会、团建等活动,鼓励解读宏观与微观案例,引导学生观察社会现象,明辨是非原则,养成独立人格,奠定敢于创新的人文底蕴。	将学生作为各类大型活动和班级管理、课堂学习的主体,搭建各类平台,促新培优,培养学生领导力,建设团队精神,具备交往能力,培育协作观念与共赢理念。
高三	针对学生自我意识的萌发,推动其思考对家庭、社会的意义与担当,寻求自我价值的实现,鼓励承担社会责任、成就个人理想,拥有公民意识。	鼓励学生深入探究,明确自己的人生方向,对生活有自己的爱好和追求,推动每个学生成为有个性、有思想、有潜质的自由生命个体。	知晓社会责任,积极参与社会建设,懂得表达自己和倾听他人,培养学生拥有奉献品德的内驱力、有大局意识和服务精神。

(二) 特色课程体系的结构

首先是"现代商业素养"概念的界定。

现代商业素养的校本界定：学生参与现代商业活动所必备的知识和能力，以及由此而形成的商业道德与价值观。

我们从叶公澄衷和学校培养的一大批工商界名人身上进一步提炼现代商业素养的内涵，包含"商之术""商之法""商之道"三个维度的内容，每一个维度又分别包含五个模块。

"术"的校本界定为"术语"，"商之术"直接指向必备的现代商业知识的掌握；"法"的校本界定为"方法"，"商之法"直接指向关键的现代商业活动能力的培养；"道"校本界定为"规则"，"商之道"直接指向现代商业活动中的优秀品格的养成。

现代商业素养培育是对学生进行社会主义核心价值观教育和培育学生核心素养的最佳载体。通过"商之术"，即现代商业知识的学习，学生的人文底蕴、科学精神得到加深；通过"商之法"，即现代商业活动能力的培养，学生更加会学习、会生活；通过"商之道"，即现代商业优秀品格的养成，更是让学生学会担当、学会创新。

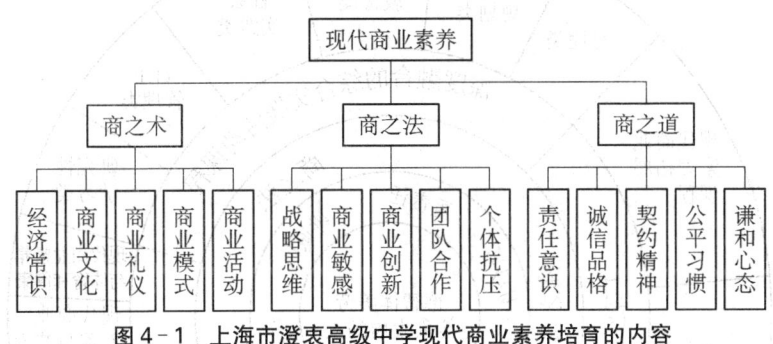

图4-1 上海市澄衷高级中学现代商业素养培育的内容

其次是学校课程结构。

学校围绕"陶冶性灵、启迪智慧、涵养气质"的办学理念和"持诚求真"的校训，遵循面向全体、全面发展、个性发展的原则，依据课程的内容属性分学科和活动两大类课程，具体包括学科课程、拓展课程、综合实践活动课程三部分：

学科课程：指学生高中阶段开设的7大学习领域13门课程，包括语言与文学（包括语文、外语）；数学；人文与社会（包括思想政治、历史和地理的一部分）；科学（包括物

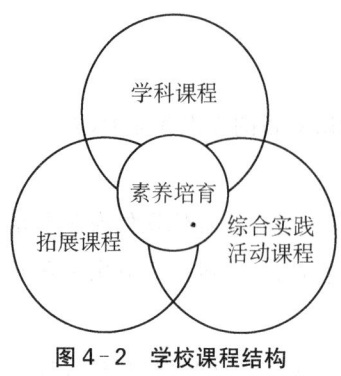

图 4-2 学校课程结构

理、化学、生物和地理的一部分）；技术（包括通用技术、信息技术）；艺术（包括音乐、美术）；体育与健康。

拓展课程：指学生高中阶段所开设的各类拓展课程，包括现代商业素养基础类拓展课程、学科与现代商业素养融合类拓展课程和学科类拓展课程。

综合实践活动课程：指学生高中阶段所开展的综合实践活动，包括社团、研究性学习、社区服务、社会实践、生涯规划、主题活动等，突出现代商业素养培育。

第三是学校特色课程。

学校特色课程是突出培育学生现代商业素养的校本课程。

学校特色课程建构按现代商业知识、技能和价值观，分"商之术"、"商之法"、"商之道"三个模块，通过现代商业素养与学科课程的有机结合，与拓展课程的广泛结合，与

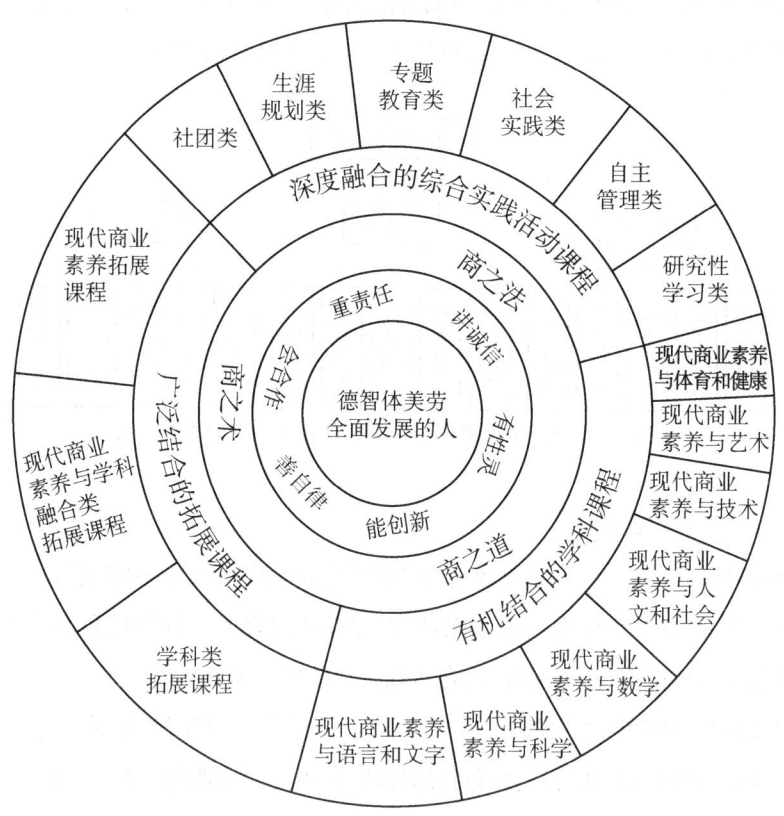

图 4-3 上海市澄衷高级中学校本特色课程结构

综合实践活动课程的深度融合,建构学校特色课程。

第一,现代商业素养培育与学科课程的有机结合。

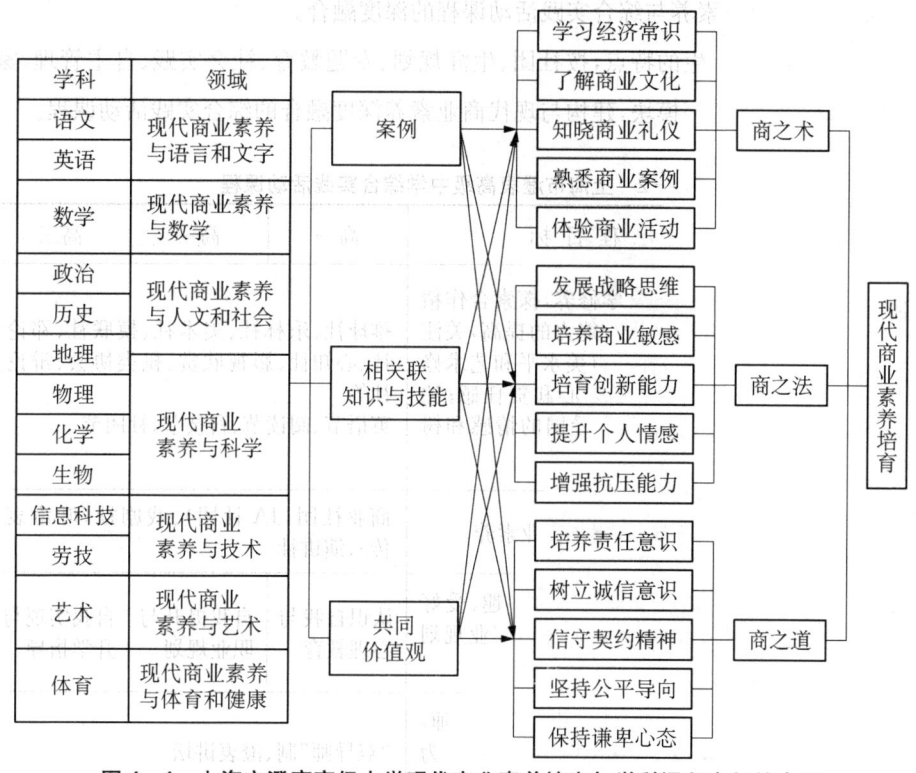

图4-4 上海市澄衷高级中学现代商业素养培育与学科课程有机结合图

我们梳理现代商业素养与学科课程之间的关系,列出现代商业素养与学科核心素养之间的对应点,研制出各学科现代商业素养培育的课程纲要,通过案例、相关联知识和技能以及共同价值观等结合点,在学科课程中有机结合现代商业素养教育。

第二,现代商业素养与拓展课程的广泛结合。

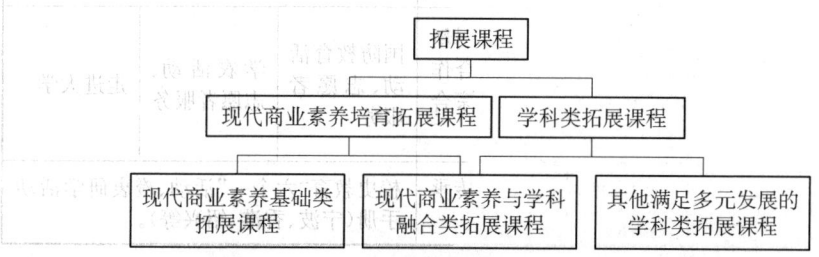

图4-5 上海市澄衷高级中学"洋葱型"拓展课程

学校本着尊重学生多样选择、特色发展的需要,通过现代商业素养基础类拓展课程、学科与现代商业素养融合类拓展课程和学科类拓展课程,建构拓展课程。

第三,现代商业素养与综合实践活动课程的深度融合。

学校按照本校学生的特点,按社团、生涯规划、专题教育、社会实践、自主管理、家长学校和研究性学习等模块,建构与现代商业素养深度融合的综合实践活动课程。

表4-2 上海市澄衷高级中学综合实践活动课程

课程类型		课程目标	高一	高二	高三
社团课程	基础类	提高学生的文学修养,探索合作精神的培养和综合能力的提高,关注美的教育,提高审美水平和艺术修养,培养学生的爱心和责任感;注重培养学生爱党爱国的情感和树立远大理想。	排球社、乐社、美术社、模联社、邓论社、心知社、影视欣赏、棋类协会、辩论社等 英语节、阅读节、科技节、社团节		
	特长类	了解商业知识,提高商业素养。	商业社团(JA社团)、戏剧社(叶澄衷传)、演讲社		
生涯规划课程	基础类	认识自我,了解自己的兴趣、爱好和职业倾向,具备一定的职业规划能力。	认识自我与心理教育	自我提升与职业规划	自我实现与升学指导
	特长类	为学生配备校内导师和校外导师,进行学业指导和职业生涯指导,为学生的健康成长护航。	"双导师"制、澄衷讲坛		
专题教育课程	基础类	践行社会主义核心价值观,培养爱国、敬业、诚信、友善,懂得感恩,具备社会责任感的合格公民。	法制教育、民族精神教育	感恩教育、生命教育	公民教育、仪式教育
	特长类	铭记学校"持诚求真"校训,培养学生诚信、诚实、诚朴的优良品质,构建学校诚信文化。	澄衷讲坛、"三诚"教育		
社会实践课程	基础类	在丰富实践活动中培养学生创新精神和实践能力,培养学生的合作意识和沟通能力,提升学生综合素质。	国防教育活动、志愿者服务	学农活动、志愿者服务	走进大学
	特长类	校史教育与研学活动相结合,传承澄衷精神。	校史教育"六个一"活动、澄衷研学活动手册(宁波、香港、绍兴等)		

续 表

课程类型		课 程 目 标	高一	高一	高三
自主管理课程	基础类	三自教育,培养学生自主管理能力。	自我认识修身课程	自我提升立志课程	自我实现成才课程
	特长类	培养学生的管理意识和素养。	学生领导力课程		
研究性学习课程	特长类	培养商业创新、商业文化和商业精神。树立主体意识、公平意识、求真意识、平等意识、协助意识。	商业素养相关课题研究		

(三) 学校特色课程的特点

一是面向全体、分层选择、个性发展。作为一所普通高中,学校课程首先必须符合普通高中教育综合改革的要求,如学校推进新高考改革选择走班模式,语、数、英三门按原班上课,另外加三学科按走班上课;体育传承学校上海市武术传统项目特色,推行专项化改革;拓展课保留一部分传统课程满足学生多元发展需要;综合实践活动课程分设基础类课程等。具体体现为面向全体、分层选择、个性发展三个特点。

面向全体指:语文、数学、英语学科课程,现代商业素养基础类拓展课程,基础类的综合实践活动课程面向全体学生。

分层选择指:加三学科课程,体育专项化课程,学科与现代商业素养融合类拓展课程,学科类拓展课程;社团、社会实践、研究性学习,以及部分综合实践活动课程面向部分选课学生。

个性发展指:部分课程如个别辅导的学科课程,个性化定制的生涯规划等课程面向个别需要的学生。

二是立足校史、挖掘特色、相互融通。学校历史上有许多的特色,当下学校的特色建设立足传统特色,结合当下学校发展要求,从传统特色中生发出"现代商业素养"特色,让既有特色以一种新的形式得以传承,与学校传统特色交相辉映。如,学校以学生画作拍卖会的形式将学生艺术素养展示与现代商素养培育相结合;通过澄衷学子读《叶澄衷画传》,观演原创历史剧《天下之利》,以此来纪念学校创始人,体会叶公作为一位成功的商人,其身上所具有的优秀素养,同时培养学生的戏剧表演才能。

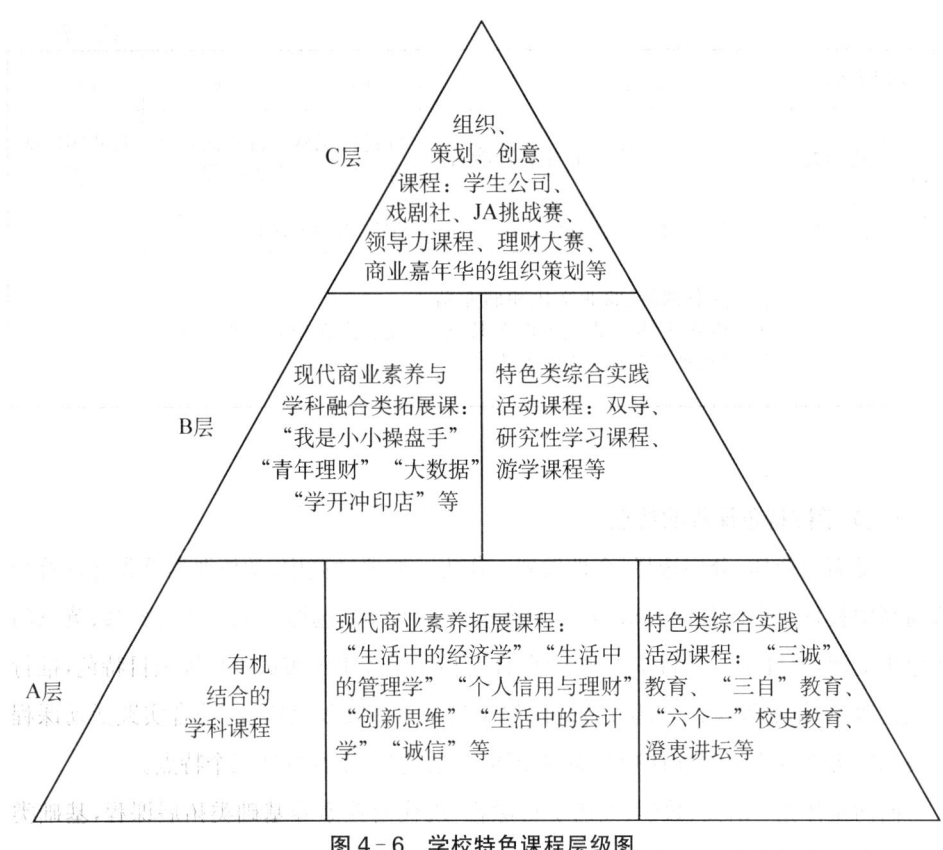

图 4-6 学校特色课程层级图

三是以生为本、课程体验、培育素养。特色普通高中不同于商业职业学校,急于对学生进行专门的就业技能的培养;也不同于商科类高等院校,侧重对学生进行专业基础理论的学习。学校从学生的实际出发,重视现代商业特色体验性课程的开发和实践,重在培养学生的兴趣,并鼓励一部分学生形成志趣和志向,最终目的是培养学生与特色紧密相关的核心素养,凸显学校基础教育的价值定位。如,学校通过义卖活动来帮助学生学习如何来给义卖品定价,如何使自己的卖品受欢迎,并通过捐赠义卖所得,培养学生的社会责任感。

三、学校特色课程设置

依据上海市教委教研室的要求和学校课程建设的需要,学生每学年在校时间为

39周,考试复习为2周,学校活动为2周,教学时间为35周。每周高一、高二、高三年级38课时,课时有长短课时之分,长课时每节课60分钟,短课时每节课40分钟。各年级课时安排如表4-3所示。

表4-3 澄衷高级中学课时安排表

课程分类	科目	高一	高二	高三	备注
学科课程	语文	2+2	2+3	4+2	(1)学校语文、数学、英语采用长短课时结合,长课时每节课60分钟,短课时每节课40分钟 (2)学校采取"中走班"模式,语文、数学、英语按教学班上课,"加三"走班上课 (3)体育课高一实行专项化,高一高二按每节课60分钟长课时授课,体锻活动安排在课后举行
	数学	2+3	2+3	4+3	
	英语	2+2	2+4	4+3	
	物理	3	3	4(等级考科目)	
	化学	3	2	4(等级考科目)	
	生物	3	4(等级考科目)	0	
	思想政治	2	3	1+4(等级考科目)	
	历史	2	2	4(等级考科目)	
	地理	3	4(等级考科目)	0	
	信息科技	2	0	0	
	体育与健身	2	2	3	
	艺术、劳技	1	2	0	
	心理	1	0	0	
拓展课程	拓展	1(6门6课时的现代商业素养拓展课程,教师走班授课)	4(由不参加生物等级考的学生选修,开设现代商业素养与学科融合类拓展课程)	5(学生依班级和个人的选课情况自主拓展)	
综合实践活动课程	主题教育	1	1	1	
	研究	1	1(弹性课时,研究课题报告的撰写和指导,不计入日常课表)	1(弹性课时,研究课题报告的结题与交流,不计入日常课表)	

续 表

课程分类	科目	高一	高二	高三	备注
	社会考察与志愿者服务	高中阶段完成60学时的志愿者服务工作，完成学工、学农、学军等必备活动（本活动不纳入日常课表）			
	合计	38	38	38	

（一）与学科课程有机结合的特色课程设置

表4-4　与学科课程有机结合的特色课程设置

学科	学科领域	课程内容和特色	课程实施
语文	现代商业素养与语言和文字	通过7大学习领域13门学科课程有机结合现代商业素养案例、相关联知识与技能、共同价值观，帮助学生了解"商之术"基础知识，掌握"商之法"相应的思维方法，提升关键能力，形成"商之道"的核心价值观和必备品格。	执行市教委教研室《高中2018学年度课程计划》，语文、数学、英语、体育高一高二高三必修；艺术、劳技高一高二必修；地理、生物、信息科技高一必修，其中地理、生物高二选修；物理、化学、政治、历史高一高二必修，高三选修。
英语			
数学	现代商业素养与数学		
政治	现代商业素养与人文和社会		
历史			
地理			
物理	现代商业素养与科学		
化学			
生物			
信息科技	现代商业素养与技术		
劳技			
艺术	现代商业素养与艺术		
体育	现代商业素养与体育和健康		

（二）与拓展课程广泛结合的特色课程设置

表 4-5 与拓展课程广泛结合的特色课程设置

课程名称	课程内容和特色	课程实施
"生活中的经济学"	以揭示生活与经济学的内在联系为主线，以经济学的理论体系为骨架，以学生学习、生活中常见的身边案例为血肉，以揭示各种生活现象背后蕴含的经济学原理为重点，培养学生的经济学思维方式，侧重从"商之术"层面提升学生的现代商业素养。	高一必修
"生活中的管理学"	以学生的实际生活作为切入点，通过实例使学生更好地感知管理学，了解其概念、职能与作用，增强其参与感，并在体验实践过程中培养责任意识，树立诚信意识，信守契约精神，提升现代商业素养。	高一必修
"设计改变一切"	结合大量现实中运用设计思维获得成功的商业案例，帮助学生了解设计思维是一种方法论，主要用于为寻求改进结果的问题或事件提供实用和富有创造性的解决方案，从中培养学生的创新能力。	高一必修
"诚信"	通过学生的日常学习生活，结合学校校史教育，培育学生诚信品质，树立诚信意识，养成诚信习惯，践行学校"持诚求真"的校训。	高一必修
"商业模式漫谈"	通过对商业模式的了解，经典模式的探究和典型人物的分析，培养学生掌握经济常识，了解商业文化，熟悉商业案例，培育创新意识，树立责任意识和契约精神。	高一必修
"生活中的会计学"	通过生活中的实例，从会计学的角度对其进行分析，从中帮助学生学习经济常识，并在生活中加以实践，培养学生诚信意识，树立良好的商业道德。	高一必修
"走进博弈论的世界"	结合博弈论中的经典困境和理论学习，帮助学生掌握基本的经济常识，并在现实世界中运用博弈论的原理分析问题，初步具备作出科学决策的能力，发展战略思维。	高一必修
"申城百年名校之澄衷风云录"	通过介绍上海市澄衷高级中学建校至今一百余年的校史文化和校友先贤为国为民所做的杰出事迹，引导和培养学生爱国、正义、法治、诚信的社会主义核心价值观，传承澄衷学子延续百年的"持诚求真"的校训精神，为社会主义建设培养具有"时代精神"和"现代商业素养"的学子。	高一、高二选修
"简明经济学"	以学生日常生活中遇到的各类困惑和问题为现实情境，通过对于这些现实问题的分析，帮助学生正确地看待和处理日常生活中的经济学问题，习得经济学基础性知识及其思维方式，提升现代商业素养。	高一、高二选修

续 表

课程名称	课程内容和特色	课程实施
"人人都是演说家"	通过学习演说的基本概念和简单技巧,教会学生学会怎样在限定的时间内把准备好的内容表达出来,培养学生学会说话,学会表达,提升现代商业素养。	高一、高二选修
"大数据浅析"	通过对大数据概念、产生背景、特征及技术特点介绍,结合大数据时代的新商业模式,从"商之术"层面让学生了解大数据在商业中的应用,从"商之法"层面提高学生利用大数据技术进行商业创新的能力,从"商之道"层面培养学生树立正确的商业意识,全面提升学生的现代商业素养。	高一、高二选修
"挫折与成长"	通过认识感悟挫折,从"商之法"层面培养学生应对挫折的方法和技巧,增强抗挫抗压能力,并做好直面挫折的心理准备,增强战胜挫折的信心,培养勇于克服困难和积极进取的良好心理品质,提升个人的情商(EQ)与逆境商数(AQ)。	高一、高二选修
"金融信用与生活"	了解信用的含义、形式和信用卡等,知道贷款的种类,并在模拟真实的情境和实践操作中,理解信用和风险的关系,从"商之道"层面,培养学生树立诚信意识,信守契约精神,担当社会责任。	高一、高二选修
"个人理财"	通过熟悉商业案例,体验商业活动,帮助学生掌握理财常识,理解理财的意义,并从中学会选择恰当的投资理财方式。	高二选修
"艺术赏析与设计"	通过学习艺术设计的基础知识,观摩中外设计行业大师的经典作品,帮助学生初步掌握设计与制作的方法,教会学生如何用一个好的作品去打动人,提升现代商业素养。	高二选修
"学做理财达人"	通过对理财知识的探讨和真实情境的模拟,帮助学生树立正确的理财观,并能制定出适合自己的理财方案,争做理财达人。	高二选修

(三) 与综合实践活动课程深度融合的特色课程设置

表4-6 与综合实践活动课程深度融合的特色课程设置

课程名称	课程内容和特色	课程实施
"研学旅行"	基于校史、校友资源,开展寻访探究活动,培养诚信品质,树立合作意识,增强社会责任,厚植家国情怀。	高一、高二选修
"志愿者服务"	通过公益活动,场馆服务,爱心义卖等实践课程,弘扬"奉献、友爱、互助、进步"的志愿者精神,增强社会责任。	高一、高二必修

续 表

课程名称	课程内容和特色	课程实施
"职业体验"	通过职业体验"六个一"活动,即每个学生完成一次职业访谈,完成一次职业体验,参与一次志愿者服务,参加一次商业实践活动,完成一篇职业体会和反思,完成一次职业规划交流活动,了解职业动态,形成正确的劳动观念和人生志向,提升生涯规划能力。	高一、高二必修
"领导力"	通过班长时间,青马工程,社会实践大赛,领导力训练营等实践体验课程,以"三自教育"为核心,深化自主管理,学会沟通合作,提升领导技巧,拓展管理知识。	高一、高二、高三必修+选修
"诚信教育"	通过认识诚信,实践诚信,感悟诚信三个板块"六个一"活动的诚信教育,铭记"诚朴"校训,培养诚信品质,树立契约精神。	高一、高二、高三必修
"仪式教育"	通过18岁成人仪式,我的毕业典礼我设计,奖学金颁奖会等仪式体验活动,懂得商业礼仪,改变行为方式,树立崇高理想。	高一、高二、高三必修+选修
"社团活动"	自主选择参与学生公司、商业社团、模拟联合国、美术社、戏剧社团、3D打印社团等,提高自主管理意识,物化创意能力。	高一必修+选修
"商业嘉年华活动"	通过现代商业素养论坛,金融理财大赛,澄衷市,演讲比赛等系列活动,提高现代商业意识和技能,增强适应未来经济社会发展的能力。	高一、高二、高三必修+选修
"研究性学习"	围绕"现代商业素养培育"主题,学生在开展课题研究、社会调查等过程中,学会探究、学会合作、学会创新。	高一必修+选修

四、学校特色课程实施

(一)课程实施策略

在现行的学科课程中,各学科是独立的,界限分明。但是在实际生活中,我们难以用单一学科知识和技能去解决所面临的生活事件或问题,在现实生活中并不存在分科孤立地运用知识的情况。

"现代商业素养培育"课程既是对学科知识内容的拓展,更与日常生活密切相连,要求打破单一学科的界限,转变传统课程实施策略。

一是跨学科统整策略,即课程的实施需整合两门或多门学科知识内容。

二是主题式统整策略,即从问题的解决切入,在解决问题中统整不同的课程内容。

三是实地活动探究策略,即课程直接开设于实际的社会生活之中,与生活情景融为一体。

(二) 课程实施方式

"现代商业素养培育"如何在现有的时空范围内,既体现普适性,又兼顾差异性? 我们的实施方式如下:

第一,多学科渗透方式,主要是指"现代商业素养培育"通过不同学科的有机结合,全面渗透。

第二,长短学程方式,主要用于"现代商业素养培育"的 A 层要求,即每名学生必修的全校普适型课程,内容丰富但难度要求又不高的,根据课程的课时需要以不同长短学程的方式实施。

第三,独立设课方式,主要用于 B 层以上要求的课程。

第四,分类分层选修。学科课程按新高考要求,语文、数学、英语按原班上课,物理、化学、生物、政治、历史、地理加三学科分类选修;体育学科落实专项化要求。

"现代商业素养培育"特色课程按 A、B、C 分层,A 层为普适型课程,B 层为部分选修的课程,C 层为有一定挑战性的课程,如,"澄衷杯"金融理财大赛、JA 全国商业挑战赛,部分商业嘉年华课程等。

(三) 特色课堂建设

围绕"精讲多学",变革教学方式和学习方式。

一是问题探究式学习,围绕一个问题,层层探究,抽丝剥茧。

二是任务驱动式学习,围绕一项学习任务,学生以小组为单位,分工合作,一起完成学习任务。

三是小组合作式学习,围绕一项学习任务,组内合作,学生互助,以达到共同提高的目的。

四是个体自主式学习,学生对某一项学习任务,依据自己的理解能力,自主决定学习速度,以达到更好的掌握。

(四)课程实施评价

第一,学校规划自评。学校将五年发展规划细化为各部门每年的具体工作任务,并通过教代会以自评的形式,对年度目标达成情况进行评价,再配合教育督导室的中期评估和终结性评估,保证规划的达成。

第二,年度绩效考评。包含8个一级指标、27个二级指标、57个三级指标的绩效评估,一定程度上是对学校工作的一次年度体检。

第三,教研组长和教研组评价。学校通过试行教研组长和教研组评价,保障教学常规的精细化实施,校本研修的蓬勃推进,教育特色的有效落实。

第四,班主任评价。学校通过施行班主任评价,进一步规范班级管理,推广优秀班主任的管理经验,保障班集体的健康发展。

第五,课程方案评价。学校课程评价体系由四个部分的评价组成:课程目标与计划的评价;课程开设准备与投入评价;课程实施过程评价;课程实施效果的评价。四个评价部分分别在课程质量的四个控制点进行,通过评价对课程实施全程质量管理和质量保障。

第六,课堂教学评价。通过拟定各类课程评价表,构建科学的、客观的、符合学校实际的,具有个性特色的课堂教学评价指标体系。

第七,教师评价。学校每年对全体任课教师和班主任实施学生评教。学生评教主要用于教师和班主任的自我反思,进一步了解学生需求,优化教育教学策略,提升教育教学效果。

第八,学生学习评价。随着高考改革的深入,学生核心素养的落实,学校除了保留原有的对学生课程学习的终结性评价外,更在特色课程学习中尝试档案袋评价、积分制评价、差异性评价、评选性评价等过程性评价方法,学校也正在引入"学分银行"的概念,尝试开展学分制评价。

五、特色课程管理与保障

(一)课程开发的组织保障

第一,健全课程组织机构。成立学校"现代商业素养培育"课程领导小组。以校长为首,由中层干部、学科教学骨干等组成学校课程领导小组。其职责为:编制"现代商业素养培育"课程规划,制定并完善相关工作制度和奖惩条例;指导学校课程的开发、实施、评价,包括策划和审定学校自主设置的"现代商业素养培育"特色课程,协调课程实施过程中出现的矛盾等,确保学校课程的有效实施。

成立学校"现代商业素养培育"课程发展指导专家组。包括上海市教委、上海市教育学会、上海市特色普通高中建设项目组、上海市普教所、复旦大学管理学院、立信会计金融学院等领导和专家。

成立"现代商业素养培育"课程研究小组。以各教研组长为组长,各科教师为组员,围绕"现代商业素养培育"开展学习研讨活动。

成立"现代商业素养培育"选课指导委员会。以教务主任为组长,年级组长、班主任为组员。负责学生的选课指导,帮助学生制订修改适合其自身发展的课表。

第二,完善课程管理制度。

一是审议制度。教师在接受高校专家培训基础上,将校本特色课程名称、课程纲要、课程计划等相关资源上交学校课程领导小组审核。学校课程领导小组在进行全面、综合分析和评审后,决定开发科目及实施的人员。

二是管理和监控制度。凡承担学校特色校本课程的教师在教学处及教研组的指导下,针对学校实际,学期初拟定出切实可行的学期计划,学期末进行全面总结,并适时地进行交流。教学处每学期安排专题检查,监控与指导教师特色校本课程的开发与实施,并通过学生评教的方式做出科学评价。评价结果不仅在评选优秀教研组与备课组时做重要参考,也作为该课程是否继续开设的依据。

三是奖励制度。承担特色校本课程工作的教师,其工作纳入到日常与期末考核之中,并在参加评优、评先时,同等条件下优先考虑。

四是经费保障制度。学校全力支持"现代商业素养培育"课程的构建和开发,并努力争取区教育局的资金支持,保证课程发展所需要的投入。

(二) 课程开发资源保障

一是形成特色校本课程资源。利用学校改扩建的机会,创建若干个创新实验室;传承学校的传统特色,形成若干门校本课程等。

二是用好校史、校友和高校资源。澄衷拥有丰富的校史和校友资源,并借助复旦大学管理学院、上海立信会计金融学院、上海商学院等高校资源,为学校特色发展服务。

三是挖掘家长和在地资源。学校课程开发以学生需求为导向,通过挖掘家长资源和用好北外滩航运和金融企业集聚的资源来弥补学校课程资源的不足。

(三) 课程开发的师资保障

聘请高校专家授课;聘请大学生担任学生生涯规划导师;选送本校教师参与高校相关课程的培训;挖掘校友资源和校外专家主讲"澄衷讲坛"等。

(四) 课程开发的制度保障

发扬校史上依章程办学的传统,进一步修改完善学校的章程;把学校章程视作学校办学母法,开展相关规章制度的"立、改、废",并制定学校特色发展五年规划,定期开展自评,保证规划的落实。

(执笔人:潘红星)

第五章 特色课程的深度聚焦

学校规划的顶层设计和学校特色课程的整体设计就如同造房子的设计图,这是学校课程建设的第一步。房子造得怎么样,还取决于实际的施工情况。本章以案例(或案例简介)的形式呈现学校教师对特色课程的设计、实施和评估的能力,深度聚焦特色课程建设。

一、现代商业素养课程的实施路径

(一) 现代商业素养特色课程与学科课程有机结合

现代商业素养特色课程与学科课程的有机结合,主要通过三种方式:

一种方式是以现代商业素养相关案例与学科教学有机结合的方式展开教学。例如,化学陈佳阳老师设计"制碱法"一课,他先从制碱法的应用作为切入口,介绍索尔维制碱法的优劣,引导学生从商业的角度发现索尔维制碱法的两个不足之处。接着他进一步引导学生讨论如何改进这两个不足之处,从而得出侯德榜制碱法的原理及流程图。整节课的设计思路是:"根据商业的需求优化和选择化工生产方式。"

一种方式是在相关学科中直接运用现代商业的相关知识展开教学。例如,新高考以后,英语进一步加强听说训练。陈征文老师根据新世纪英语教材第三册第四单元的主题是 Selling and Buying,其中涉及广告的设计。他针对这个主题设计的单元口语训练任务,主要是围绕优秀的广告以及优秀的广告推销所应具备的特点,帮助学生通过课文学习以及一系列的口语训练,掌握如何通过广告对商品进行描述。

一种方式是在相关学科中凸显现代商业素养相关的价值观,如诚信、契约、法治、公平等。例如,高一语文第二学期的第四单元是小说文体单元,该单元共包含两篇基本篇目《哦,香雪》、《变形记》节选,两篇略读篇目《微型小说两篇》、《〈药〉评点》。由于每篇课文的叙事角度、小说类型不同,陈朦朦老师有针对性地采取了不同的教法。

《哦，香雪》她采用问题探究的方式开展学习，《变形记》她结合当时社会生活的特点帮助学生理解主旨，《微型小说两篇》她让学生通过自主探究来掌握小说的构思特点，《〈药〉评点》她让学生自主选择一篇小说精读，再结合《〈药〉评点》一文的学习，让学生获得一点评点经验，然后让学生分组自主学习鉴赏其他小说，最后交流提高。通过该小说单元的学习，她让学生理解了小说的主旨和所传达的独立自尊、坚守公平、勇于奉献、信守契约的精神品质。

(二) 现代商业素养特色课程与拓展课程广泛结合

现代商业素养特色课程与拓展课程的广泛结合主要有两种方式：

一种方式是开设现代商业素养拓展课程，课程来源两个方面，一方面是充分利用上海市名校慕课平台的慕课资源，将其他学校开设的商业类和金融类的课程作为学生的选修课程；一方面是自己学校教师开设的现代商业素养拓展课程，如，"生活中的经济学"、"生活中的管理学"、"生活中的会计学"、"个人信用与生活"等近10门课程，作为学生的必修课程，正在制作慕课，未来向全市中学生开放。

一种方式是开设现代商业素养与学科融合类拓展课程，课程来源也是两个方面，一方面是充分利用上海市名校慕课平台的慕课资源，将其他学校开设的商业类和金融类与学科融合的拓展课程作为学生的选修课程；一方面是自己学校教师开设的现代商业素养与学科融合类的拓展课程，如，"我是小小操盘手"、"数学与理财"、"商务英语"、"人人都是演说家"、"生活中的礼仪"、"广告与艺术"等课程，作为学生的选修课程。

"我是小小操盘手"的设计与实施

一、课程背景

近十几年，我国金融业快速发展，每个家庭或多或少都会接触一些金融业务，绝大多数的学生对金融业也很有兴趣。本课程从金融业中最基础的股票买卖实践操作入手，引导学生掌握金融、投资常识；通过数据分析，了解我国经济情况；交流分享投资过程中的情感体验，增强风险意识；培养学生运用数学处理信息的能力，培育学生的现代商业素养。

我校开展的现代商业素养培养的体验式课程致力于帮助学生从体验（活动）开始

学习,进而产生想法,发表看法,然后进行反思,再总结成新的认识和理论,最后将理论与认识应用于实践,发展认识。基于此,我设计了拓展课程"我是小小操盘手"。

二、课程目标

(一)了解证券市场的基本常识,基本术语,学会看股市 K 线图,分时图。能结合新闻、外围股市以及股吧信息对股票进行技术面和基本面分析。掌握股票买卖的基本技能,并能进行基本操作。

(二)通过对股票的技术面及基本面分析来体验模拟选股,并进一步体验模拟操盘。在模拟操盘过程中,体验股票涨跌对操盘计划以及操盘心态的影响。在感受证券市场的复杂多变的体验中,增强心理抗压能力,提高应对能力。

(三)通过对模拟操盘的体验,以小组为单位,进行反省与小结,总结操盘注意事项。能通过模拟操盘的体验,进一步了解国家的经济政策。在小组操盘过程中体验合作精神,并提高学习体验操盘的成就感。

三、课程内容

表 5-1 "我是小小操盘手"课程基本框架

模块	主题	课题	主要内容	课时
知识	证券基础知识	股票与证券的基本认识	(1)了解什么是股票。 (2)获得对股票的感性认识与理性认识。 (3)了解股票投资的分析方法:基本分析、技术分析、演化分析。 (4)理解操盘基本原理。	1
		股票术语的认识	(1)K线图分时图界面上的术语。 (2)通过网络学习基本面上的术语。 (3)操盘过程中的术语。	1
	证券操作软件的学习	K线图与分时图	(1)认识电脑软件"证券之星"。 (2)认识图形与股票术语的联系。	1
技能	技术分析	利用"证券之星"软件进行技术分析	理解各种图形代表的意义,以及对操盘的影响。	1

续 表

模块	主题	课题	主　要　内　容	课时
技能	基础知识分析	通过网络信息了解股票基本知识	(1) 财经新闻。 (2) 外围股市。 (3) 股吧个股发帖。	1
过程体验	选股体验	千里挑一选好股	通过小组讨论、比较,对股票的技术面与基本面进行分析,多角度比较四只股票,选择一只股票作为操盘对象。	3
	操盘买卖体验	对＊＊股票的模拟操盘	(1) 虚拟每名同学有买2 000股个股的资金以及2 000股该个股的股票。以后每节课都有买2 000股个股的资金,也可以卖手中已有个股。 (2) 根据信息判断将来一周的涨跌。 (3) 用数学手段合理控制投入。研究涨跌概率与投入资金的百分比关系。大概率涨,可以投入50%资金,大概率跌,可以抛出50%股票,持平不买不卖。	多课时
		一月快速操盘	一节课中,选择某股历史某月日K线图,每隔1分钟推进一个日K线图,学生持有前一日收盘价的2 000股,接下来按日收盘价进行买卖。22分钟后平仓统计盈亏。	多课时
		真实操盘体验(选做)	从模拟操盘成绩较好的同学中选择志愿者,用老师账号进行真实买卖进行真实操盘体验。	不定
情感与态度	反省与小结	信心与小心	(1) 正确认识股票市场,端正心态,科学进行股票买卖。 (2) 进一步了解国家的经济政策。 (3) 在小组操盘过程中体验合作。	1

四、课程实施

(一) 知识模块

在股票术语的教学中,给学生提供相关的学习资料,如 K 线图等。引导学生通过 K 线图直观地获得股票涨跌信息,并通过 K 线图来学习其界面上的各种股票术语,理解这些术语在看盘中的作用与意义,学会运用常用股票术语来对盘中技术面进行分析。

（二）技能模块

在基本面分析的教学中,学生引导查找财经门户网站、股吧论坛中的相关信息,感受证券信息的复杂多样,感受搜集信息的重要性。同时也培养学生的观察能力,甚至是一定的商业嗅觉。有的同学发现,财经门户网站标题看好大盘,大盘近期往往不会上涨,反之亦然。有的同学在看了许多股吧论坛里的帖子后,发现股吧论坛里的评论良莠不齐。质量高的,比门户网站的信息还有价值。但大多数是质量较低、可信度较低的文章,这些都有利于培养学生对繁复混杂的信息的鉴别能力。

（三）模拟操盘

在选股阶段,学生由意见不合,到商量交流,综合分析,最后意见统一,选定股票。这让学生感受到了交流沟通的重要,做决定前,集思广益的好处。

在模拟操盘阶段,更是经历丰富、体验深刻。既体验买了涨、抛了跌的成就感,也体验过割肉、踏空等实战中的挫折带来的负面情绪。深刻体会到股市有风险,认识到要正确看待股市之盈亏。

在买卖股票时,不仅判断买还是卖,还要决定买卖多少。这时,学生还体验了数学概率知识的应用。可以用数学手段合理控制投入比例。有些同学更深入研究涨跌概率与投入资金的百分比关系,这些都增加了他们对学习数学的兴趣。

五、课程评价

（一）自评和互评的方式。自评,以学生写心得的形式,记录体验操盘后的反省与小结予以评价。互评,基于以小组为单位进行模拟选股,模拟操盘,以及总结反省过程中,小组成员对小组其他成员在各项活动中的表现进行评价。评价分为三类:"天才"、"积极"和"一般"。

（二）以小组为单位,进行一月快速操盘比赛。一节课中,每小组出一人,共五到六人。选择某股历史某月日K线图,每隔1分钟推进一个日K线图,学生持有前一日收盘价的2 000股,接下来按日收盘价进行买卖。22分钟后平仓统计盈亏,评出1.2.3……等名次。

（三）每名同学,对某只＊＊股票体验模拟买卖的盈亏成果。第一节课每名同学有买2 000股个股的资金以及2 000股该个股的股票。以后每节课都有买2 000股个股的资金,也可以卖手中已有个股。学期末,最后一节课平仓统计盈亏,以个人盈亏成果作为评价依据。

六、课程反思

"我是小小操盘手"这门课程从学生家庭生活出发,帮助学生了解证券基础知识,学会看K线图,高效检索文献资料,开展市场调研,联系社会政治与经济的关系,发挥严谨求实的态度,学习基础经济理论,把握社会经济现状。并通过完整、系统地体验模拟选股、体验模拟操盘、体验股票涨跌对操盘计划以及操盘心态的影响,对金融活动进行具有中学特色的实践,有助于培育学生的现代商业素养。并能够将证券与中学数学相结合,学以致用。

另外要注意的是,通过小范围的真实股票的操作发现,必须注意处理好真实炒股与模拟炒股对学生的影响差异,真实操作证券有可能对学生的财商产生一定的伤害。

(杭文韬,上海市澄衷高级中学研究型课程备课组长,数学高级教师)

(三) 现代商业素养特色课程与综合实践活动课程深度融合

现代商业素养特色课程与综合实践活动课程深度融合,按具体融合的路径又分别形成社团课程、生涯规划课程、专题教育课程、社会实践课程、自主管理课程、研究性学习课程和商业嘉年华课程等课程群。接下来撷取其中的一个案例加以说明。

《基于校史资源的研学旅行课程》的设计和实践

一、课程背景

2016年12月,教育部等11部门印发《关于推进中小学生研学旅行的意见》,要求各地将研学旅行摆在更加重要的位置,推动研学旅行健康快速发展。各中小学要结合当地实际,把研学旅行纳入学校教育教学计划,与综合实践活动课程统筹考虑,促进研学旅行和学校课程有机融合。

上海市澄衷高级中学是一所创办于晚清之际的百年老校,具有悠久的办学历史和深厚的文化底蕴。研学课程的设计与实践旨在进一步挖掘和拓宽校史资源,开展以校史研究和学习为主线的研学旅行活动,丰富学生的学习体验。让学生在探究校史资源的主题活动中,走进博物馆、艺术馆、名人故居,深入了解学校创办人和知名校友,以校史教育促进核心价值观教育和"知校知国、爱校爱国、兴校兴国"的爱国主义教育,铭记"诚朴"校训,构建学校诚信办学文化,不断提升学生的核心素养,促进学校现代商业素养特色的形成。

二、课程目标

《中小学综合实践活动课程指导纲要》提出:让广大中小学生在研学旅行中感受祖国大好河山,感受中华传统美德,感受革命光荣历史,感受改革开放伟大成就,增强对坚定"四个自信"的理解与认同;同时学会动手动脑,学会生存生活,学会做人做事,促进身心健康、体魄强健、意志坚强,促进形成正确的世界观、人生观、价值观,培养他们成为德智体美劳全面发展的社会主义建设者和接班人。

结合学校的学生发展目标,研学旅行课程的课程目标设定为:

(一)重责任、讲诚信。学校研学旅行设计的研学主要内容是学校的校史资源和校友资源,在校史的学习中,校友的寻访活动中,了解澄衷的发展历史和诚信精神,树立作为澄衷学生的责任意识,促进形成正确的世界观、人生观、价值观。

(二)增知识、拓眼界。研学活动的地点除了上海市以外,还有宁波和香港等地,通过行走学习,学生可以了解当地的风土人情、历史文化等。通过沪港文化交流,拓宽国际视野,感受改革开放伟大成就,增强对坚定"四个自信"的理解与认同。

(三)善自律、会合作。研学活动是通过集体旅行、集中食宿方式开展的研究性学习和旅行体验相结合的校外教育活动。主要的学习方式是体验学习和小组合作学习,研学活动有利于学生的自律意识和合作意识的养成,有利于学生独立生活能力的锻炼和培养。

三、课程内容

以探究校史、校友资源为主线,围绕"我是澄衷人"、"生涯规划教育"和"追寻澄衷精神"等研学主题,充分挖掘校内资源、上海市区资源、周边资源以及境外资源,力求实现各类资源的有机整合,构建多维研学旅行课程。

表 5-2 《基于校史资源的研学旅行课程》内容的基本框架

模块	主题	课题	主要内容	课时
一	校内研学	我是澄衷人	校史教育"六个一"活动	6
二	市内研学	走进大学	复旦、交大等	4
		走进校友实践基地	植然雅商业实践体验基地；旭富商业实践体验基地	4
		走进博物馆、纪念馆	蔡元培故居；叶家花园；陆俨少纪念馆等	4
三	周边研学	宁波、绍兴研学	宁波帮博物馆；叶氏义庄；竺可桢纪念馆；蔡元培绍兴故居；吴一峰纪念馆等	16
四	境外研学	香港研学	香港宁波公学；香港宁波二中；香港大学；紫荆广场等	32

四、课程实施

依据大卫·库伯的体验式学习循环模型，在具体体验阶段，要回答清楚"我做了什么"并明白是如何发生的；在观察与思考阶段，要回答"发生了什么"，特别是对个人有启发的某个细节，并说明这个细节为何值得反思；在抽象概念形成与总结阶段，要回答"为什么这样"，思考该体验与先前了解的知识之间的关联，并讨论是如何改变自己的；在实验阶段，要回答"现在怎样"，如何将学习者所获取的知识应用于未来新体验或场景。基于体验式学习理念，设计体验式研学活动方案，引导学生开展体验式学习，增强研学的效果。

表 5-3 宁波研学旅行体验式活动方案

班级		小组		姓名	
学习准备	阅读《叶澄衷画传》，了解学校创办人叶澄衷的传奇人生； 查找资料，了解宁波帮博物馆、叶氏义庄、竺可桢纪念馆、蔡元培故居等研学地点的相关信息，了解相关校友的人生经历； 组建5—6人研学小组，以小组为单位学习研讨，组长负责组织交流及收集资料； 了解研学任务以及活动安全等。				

续 表

拟深入展开探究的课题	小组成员交流,选择感兴趣的探究题目,收集资料,在导师的指导下,完成一份研究性学习报告。
学习成果呈现方式	研学活动记录册; 小组研究性学习报告; 个人完成研学活动体会和交流。
研学活动记录	研学过程内容记录,记录研学过程中的点点滴滴,看到的、学到的和想到的。
研学收获	你的收获有哪些? 研学活动中,你们组你最佩服谁? 研学活动中,最令你难忘的人或事是什么? 活动中的成长是什么?
研学反思	活动中存在哪些问题? 如果再组织一次研学活动,你的建议是什么?

五、课程评价

综合实践活动情况是学生综合素质评价的重要内容。坚持评价的方向性、指导性、客观性、公正性等原则。评价是保障活动顺利进行的有效方式,拟定科学的评价模式,采用先进的评价方式,就能促进学生活动的真实发生。

首先重视过程性评价,强化学习和体验。带队老师具体负责对每名成员作出公正评价;小组长在研学期间督查小组成员的研学情况,计入过程性评价表;带队老师及小组长随时记录学生的研学情况。设计评价表便于开展学习评价。

其次开展终结性评价,突出交流与分享。研学活动总结阶段,组织学生召开研学旅行主题研讨会,交流研学成果,对各小组和个人进行评价。根据学生的研学记录,研学小结,小组的研究性学习报告,评选研学旅行优秀学员和优秀小组。通过评价激励学生自主探索,提升学生的规范意识、纪律意识、文明意识、交流意识、合作意识等。

六、课程反思

(一)基于校情,立足校本,开展以校史研究为主线的研学活动,使研学活动更具有内涵和实效。

学生在参与的过程中,不仅仅了解了学校办学历史,更深深地被学校深厚的文化积淀和悠久的办学历史所感染,从优秀的校友身上去感受和传承属于澄衷学生特有的"诚朴"精神。宁波研学活动后学生感言:"我们不仅感受到了同学情、师生爱,同时也为自己是澄衷学子而感到自豪。我们收获到的不仅仅是对历史的敬畏,更是对我们将来学业的重新定义,作为百年老校的澄衷学子,我们应当努力学习,积极进取,秉承'持诚求真'的校训,培养爱国、敬业、诚信、友善的优良品质,成为一名有理想、有作为的澄衷学子。"

(二)基于校史研究的研学活动的设计和实践,也是开展学生综合主题社会实践活动的重要形式。

对于学生而言,在潜移默化的情感体验和交流中增长了知识,锻炼了能力,更重要的是懂得了诚信、感恩和责任,这对于人的一生是非常重要的。香港研学活动,学生走访了已进入耄耋之年的李达三博士,李博士寄语学生:"勤俭起家,诚信立业。企高望远,四海为家。己所不欲,勿施于人。集大家力量为共同利益。事业有成,继续努力,使事业更大发展,然后回馈家乡。"李博士的寄语,承载着对学生们的殷切期望,对于学生而言更是一种激励,激励学生在未来的生活中努力向前,勤奋学习。

(徐雪君,上海市澄衷高级中学副校长,生物高级教师)

二、现代商业素养课程的学习聚焦

美国学者大卫·库珀构建了一个体验式学习模型:活动(体验)—发表—反思—理论—应用—再活动(体验),依次循环。根据大卫·库珀理论,体验式课程的完整定义:学习者在真实或模拟环节中通过自身的活动获得亲身的体验和感受,然后与团队成员之间交流,通过反思、总结,提升为认识的成果,最后将理论和认识的成果应用到实践中去,从而达到预期的成功。

在实际的课程实施过程中,我们一切从实际出发,特别强调以学生为中心,重视学生的自身感受和内心体验,在实践中、体验中、探究中获取知识,习得能力,培养核心素养,而不必拘泥于库珀的完整封闭循环,理想地追求两次认识的飞跃。

现代商业素养课程的实施聚焦学习,具体的体验方式有场馆学习、赛事学习、行走学习、实践学习、留白学习、搜索学习、社团学习、问题学习、项目学习、整合学习、影视学习、玩耍学习、仪式学习、围坐学习、服务学习、创客学习、沉浸学习、节庆学习等多种，下面以表演学习为例，以案例的方式说明。

表演学习，就是通过具体的角色扮演进行情景体验的学习方式。伟大的哲学家亚里士多德说过："对于那些需要学习才能掌握的事情，我们在做的过程中学习。"一个年轻人想要学会沟通，他必须练习听和说。如果他希望在人前自如地演讲，他必须练习表演。我校开展表演学习的主要途径是开展戏剧表演活动。学校在推进戏剧表演的过程中，立足于学校文化和精神的传承，将澄衷的百年校史编写成历史剧本，让澄衷的学生演绎澄衷的故事，时刻铭记"诚朴"校训，其意义已经超越了戏剧表演的本身，这也是生动的德育教育新形式。学校希望借助戏剧表演这一平台，为学生成长搭建更多的活动舞台，让学生在丰富的活动中体验成长的快乐，获得成功的体验。同时也让学生在戏剧表演中锻炼演讲能力，树立自信心、合作意识、责任意识、诚信品质。这些意识和品质也是现代商业素养培育的重要内涵。

演绎澄衷故事，培育戏剧素养——澄衷戏剧体验式课程的设计与实践

一、课程的背景和意义

2017年8月，中共中央宣传部、教育部、财政部、文化部联合发布《关于戏曲进校园的实施意见》指出："应加强戏曲通识普识教育，到2020年戏曲进校园基本实现全覆盖。"戏剧教育内生的"体验式学习"方式，带动了学校教育向更注重体验和活动的方向发展。

著名教育家蔡元培先生曾在澄衷担任代理校长，其美育教育的思想对澄衷的艺术教育有重要的影响，历任著名教师有丰子恺、钱君匋。袁牧之、陆俨少、吴一峰等艺术家都曾就读于澄衷。学校历来重视对学生艺术修养的熏陶和艺术才艺的展现，每一名学生也似乎有着与澄衷有缘的艺术潜质和基因。

近几年，学校积极参与虹口区教育局组织的戏剧进校园活动，有多名同学参加了区原创舞台剧《东方之舟》、《赤子之心》、《黎明之前》等话剧的排练和公演。2017届徐丽婷同学在《东方之舟》中担任女主角哈娜。2018届高瑞杰同学在《赤子之心》中担任男主角，饰演殷夫。《黎明之前》我校有16名同学参加演出，2020届杜雨宸饰演周恩

来,孙艳饰演宋庆龄。此外,我校还承担了多次区级戏剧进校园展示活动。例如在2017年9月,我校高二和高一有16名同学在叶良俊导演的指导下,排练了《赤子之心》五卅片段。2016年10月,在四大纪念馆举办的跟着国旗看上海的活动中进行汇报演出,获得好评。区戏剧进校园项目成为学生喜欢戏剧表演,传播中华传统文化,培养爱国主义精神的重要载体。

百年澄衷有丰富校史资源,学校启动了校史研究"三个一"工程,即拍一部校史DV,写一本校史故事,演一部校史话剧,学校希望通过编写和排练话剧,让每一届澄衷的学生演绎澄衷自己的故事,时刻铭记诚朴校训,自觉践行社会主义核心价值观,推进学校现代商业素养特色普通高中项目建设,也为即将到来的学校120周年校庆献礼。以戏剧演绎上海恢宏历史,抒写前辈热血诗篇,也是生动的德育教育新形式,学校希望借助戏剧进校园这一平台,为学生成长搭建更多的活动舞台,让学生在丰富的活动中体验成长的快乐,获得成功的体验。

二、课程的内容和路径

（一）戏剧冬令营活动

2018年寒假,在区教育局,青少年活动中心,上海市教育发展基金会英盛教育基金的大力支持下,学校开展了戏剧表演冬令营活动。戏剧冬令营活动第一阶段从2018年1月23开始到1月31日结束,为期9天,第二阶段从2月21日初六开始,为期两天。活动内容丰富多彩,有戏剧基本功训练,参观澄衷老校区、四明公所等历史文化街区,观摩戏剧演出,分幕排演舞台剧《黎明之前》等。高一年级的41名参加冬令营活动的同学,他们克服雪雨天气,克服感冒发烧,顺利完成戏剧冬令营各项排练任务,在2018年2月23日的寒假,开学第一课上,学生进行了汇报演出,尽管学校处在过渡校区,条件简陋,但学生的演出非常精彩,也非常感人。戏剧冬令营活动不仅让学生得到锻炼和成长,更是为即将在暑期排练的历史剧《天下之利》挑选人才,培养戏剧骨干。

（二）戏剧夏令营活动

在戏剧冬令营成功举办的基础上,学校于2018年暑期开展了戏剧夏令营活动,本次夏令营活动的主要内容是排演原创历史剧《天下之利》。

《天下之利》是一部弘扬爱国主义,散发正能量的艺术作品。1900年,根据叶澄衷先生以"兴天下之利,莫大于兴学"的遗嘱,创办我国最早以班级授课制的新式学堂"澄衷蒙学堂"。全剧聚焦叶公爱国敬业、诚朴守信、敢为人先、正义凛然的高尚品质,展现叶公由一位舢板少年成长为商业巨子的传奇人生。它激起了观众强烈的爱国情,报国心。它在寓教于"剧"中,引导青少年回望历史,走近伟人,对传承中华传统美德,树立正确的人生观、价值观,会产生很好的作用。

夏令营活动分三个阶段开展。第一阶段,学生排练准备期,主要内容包括学生学习《叶澄衷画传》,熟悉《天下之利》剧本,参加宁波研学活动,了解澄衷故事,为角色的塑造和定位做相关准备。第二阶段从8月1日开始,开展为期一个月的戏剧夏令营暨大型原创历史话剧《天下之利》排演。为了更好地把握人物精髓,编剧叶良骏,导演殷超斌对零基础的学生演员就"声、台、行、表"进行全方位培训。全部演员由澄衷高级中学高一、高二34名同学担任,场记、道具服装管理、排演统筹、宣传及部分道具制作,也由学生在专业人士的指导下完成。第三阶段,《天下之利》首演,9月3日,由上海市澄衷高级中学、上海市教育发展基金会英盛教育基金主办,上海梦陶艺术剧社创排的大型原创历史话剧《天下之利》在复兴高级中学来歌堂隆重首演。1000余位社会各界人士、校友、家长代表和师生观看了演出,演出获得巨大成功。

(三)戏剧社团

目前我校负责艺术指导的教师是周姝红老师,为了推进戏剧项目的实施,我们又安排新入职的负责校史研究的刘秀春老师加入到这一项目,负责日常的管理和联系,刘老师后又被选派参加区戏剧教研组。2018年9月,学校将传统的社团乐林社合并成戏剧社团,增加戏剧表演排练活动,让学生有更多的时间去学习戏剧表演。同时学校也继续做好澄衷讲坛、英语节课本剧表演、阅读节经典诵读、澄衷好声音、社团节才艺秀等校园艺术活动,让学生在活动中增长才艺,发展艺术素养。

三、课程的实施和评价

为了推进课程的实施,保障活动的顺利开展。在课程的实施过程中,首先,我们把戏剧活动的开展与志愿者服务相结合,让每一个学生成为戏剧表演活动的组织者和实施者,强化学生的责任和自我意识。其次,我们注重实践活动中的体验交流和反思,每天都要求学生完成一篇培训感悟和交流,发在微信群里,同时每天由采编同学完成一篇通信稿。第三,注重过程评价。每天有人负责对学生进行考勤,并对学生的排练过程进行评价,对于优秀的学员,颁发优秀营员证书。第四,邀请戏剧大咖探班指导。8

月 23 日上海文广新闻传媒集团监事长、著名导演滕俊杰来访,在观看学生的演出之后,他鼓励在场的小演员:"所有的伟大来自于激情,所有的动人来自于声音和眼神,所有的精彩来自于精彩细节的叠加,所有的成功来自于燃烧的灵魂。"探班结束后,演员和导演合影,这样的活动加深了学生对戏剧表演的理解和感悟。学生在参与戏剧表演的过程中也收获满满。

学生感悟:我们一起从"戏盲"变为了自己演的角色,仿佛他就是我,我就是他。同学们经常把自己在戏中的台词变为自己的口头禅,互相交流,剧组生活的快乐、融洽、和谐,是在其他任何一个地方都无法相比的。

学生感悟:从一板一眼的历史文献,到后来白纸黑字的剧本,再到现在有温度、有思想的叶澄衷,这是一个由平面转换为立体的过程,也是一个情感积累爆发的过程。在这一个月的排练时光里,我们感受到叶澄衷的爱国情怀和赤诚之心,也感受到那句"兴天下之利,莫大于兴学"的重量。我们不仅仅是在学习校史,更是在触摸历史,进而汲取力量、感受精神。"五万学子,遍布全球各地;澄衷之名,蜚声中外!"我以澄衷为傲,我骄傲,我是澄衷学子!

学生感悟:从一开始一个戏剧白丁到现在的一个小演员,我在剧组的成长离不开老师的帮助。谢谢叶老师把秦师傅这个重要的角色交给我,一开始我真觉得自己不行,但是老师们一直鼓励我、帮助我,最终我融入了这个角色,这个角色也慢慢地接受了我。

四、实施的效果和反思

(一)戏剧体验带给学生的第一礼物是自信

我校学生在参与戏剧表演的过程中,了解了虹口的红色革命历史,在饰演的过程中体会革命先烈的英雄事迹和民族大义,在与历史人物的时空对话中汲取精神的力量。学生参与戏剧排练活动大都是在放学后,有时在双休日或是寒暑假,这对于学生的时间管理、合作意识、责任意识和契约精神都是一次很好的锤炼。"台上一分钟,台下十年功",历史剧的表演对于学生的语言表达,形体塑造,自我展示能力等方面都是一次很好的锻炼,培养了学生自信心、审美情趣和艺术鉴赏能力。有些同学也因此喜欢上了戏剧,例如徐丽婷、高瑞杰等。2017 年,高瑞杰参与了《赤子之心》、《东方之舟》、《鲁迅在上海》等戏剧的演出,主演了殷夫、鲁迅等角色,在参与演出的过程中戏剧素养得到发展,也逐渐喜欢上了表演,他在舞台上自信、有激情,颇具专业演员的风采。先后参加区级经典诵读,演讲比赛获得一等奖。2016 年,高瑞杰同学凭借在戏剧活动中的精彩演出获全国最美中学生称号。2018 年高瑞杰同学通过艺术专业的考试,顺利考入上海市师范大学谢晋艺术学院。

(二)戏剧体验带给学生的一项重要能力是同理心

同理心,也就是俗话说的"设身处地"站在他人立场看待事物的能力。戏剧是人类处境的反映。人总是希望彼此了解,了解彼此的欲望、需求、相似和不同。每个人都有自己的故事,戏剧教育提供了一种安全而有益的方式,让学生得以参与别人的故事,透过别人的眼睛看世界。具备了同理心或同情心,一个人就能够理解他人的处境,能够理解与自己背景迥异、来自其他民族、信仰或阶层的人的处境。阅读、分析和表演戏剧可以极大地增进我们对自己和他人的理解,让人受益无穷。因此我们可以非常自信地说,在中小学阶段接受了融合式戏剧教育的学生必将成长为富于自信心、创造力和同情心的未来英杰。正如叶良俊导演讲的,学演戏就是学做人。杜雨宸同学就是很好的例子。高一的时候参加了《黎明之前》的排练,演周恩来,喜欢表演,绘画和文章都写得挺好,但是不太喜欢学校学习,经常迟到和缺席,不交作业,也不太善于和老师、家长、同学的沟通交流。自从迷上了戏剧表演以后,为人处世的方式都发生了积极的改变,慢慢地学会了沟通,学会了感恩,在学习上也有了不小的改变。

(徐雪君,上海市澄衷高级中学副校长,生物高级教师)

三、现代商业素养课程的认证评估

学校将办学理念凝练为"陶冶性灵,启迪智慧,涵养气质"。因此,课程的认证评估也应当体现因材施教,立德树人,落实核心素养的要求,要以学生的发展为本,为学生的终身发展服务。

(一)认证评估的原则

一是聚焦育人目标。课程认证评估是促进学生成长与发展的重要手段,更是学生自我完善的重要参照。根据学校"能服务于未来社会的德、智、体、美、劳全面发展的合格高中生,成为现代商业素养突出,重责任、讲诚信、有性灵、能创新、善自律、会合作的澄衷人"的培养目标,现代商业素养体验性课程的认证评估,需要关注学生核心素养的养成,育人目标的落实。

二是凸显办学特色。2015年以来,学校为创办特色普通高中学校,专门制定《2016—2020年上海市澄衷高级中学"现代商业素养培育"特色发展规划》和《上海市澄衷高级中学"现代商业素养培育"特色课程规划》。学校"现代商业素养培育"特色课程包括与学科课程有机结合,与拓展课程广泛结合,与综合实践活动课程深度融合三条实施路径。我们的课程认证评估要体现学生现代商业素养的培育过程,对学生现代商业知识的认识、技能的提高和价值观的提升进行跟踪式的综合评价。

三是适合学校实际。学校现代商业素养培育不同于商业职业学校,主要对学生进行就业技能的培养;也不同于商科类高等院校,主要对学生进行系统的基础理论学习。学校特色课程立足普通高中的学段性质,从学生的实际出发,重视现代商业特色课程的体验性,重在培养学生的兴趣,并鼓励一部分学生形成志趣乃至志向。因此在课程认证评估时,评价方式及内容涉及认知、能力和价值观三个维度,分层次递进式地关注学生在学习过程中的商业素养提升。

四是利于学科融合。现代商业素养培育与学科课程有机结合,学校梳理现代商业素养与学科课程之间的关系,列出现代商业素养与学科核心素养之间的对应点,研制出各学科现代商业素养培育的课程纲要,通过案例、相关联知识和技能以及共同价值观等结合点,在学科课程中有机结合现代商业素养培育。学校的课程认证评估中要体现现代商业素养与学科核心素养的融合。

(二) 课程评估的做法

一是课程审议。现代商业素养课程由相关教师根据自身学识和兴趣,经过实践研究后形成的一套教学资源。学校由校长领衔成立课程审议领导小组,共同负责课程审议。课程审议领导小组本着以学生发展为本的基本原则,分析课程目标能否体现立德树人的教育核心要求,能否与学校课程总目标紧密联系,课程内容是否符合学生的需求,课程评价是否适合学生的认知水平。在课程审议中,针对课程审议领导小组发现的问题,通过与相关课程开发成员进一步讨论,提出改进意见,商讨修改方案,并及时督促执行落实。

二是试点实施。学校通过课程的试点实施,分析课程的有效性,通过不断修改和完善课程方案,提高课程实施质量。在完整一轮的课程试点教学中,课程审议领导小组成员全程参与,与课程开发成员共同对课程目标、内容、实施方式和评价等进行分析和判断,调整和改进课程方案,使得课程更能促进学生有效发展。在试点实施的基础上,再给予面上的推进。

三是学生评议。课程的中央应当是学生。学生通过课程的学习,学有所得。学生更能体会课程的优劣之处。通过学生评议可以弥补课程审议小组和开发成员对课程实施方案的漏洞。学校在完成一轮课程试点教学和课程评价后,以调查问卷和座谈的形式,让学生评议课程的优劣,通过继续修改和完善,让课程更好地满足学生的发展需求。

(三) 实施的评价方法

"现代商业素养培育"体验性课程评价的原则包括科学性、可行性、定量评价与定性评价相结合等。科学性指课程评价需要以科学的课程评价指标体系为尺度,以评价信息为依据,对学生学习结果进行客观的评价。可行性指评价的指标体系以及方法简明且易实施操作。定量评价与定性评价相结合原则指根据实际评价内容采取定性与定量评价相互补充,定量为基础,定性弥补定量评价的不足。

依据课程内容特点结合课程评价原则,我们对学生采取形成性评价和终结性评价相结合的类型,形成性评价又称为"过程评价",是在教育教学活动过程中,为调节和完善课程教学活动、促进教学效果而对学习和发展状态进行的连续性评价。形成性评价更关注学生学习过程,通过课堂观察、学习记录、成长记录、调查问卷等形式进行持续性的评价。试图通过改进学习过程来改善学习结果。终结性评价是为了解学生经过一段时间学习后的阶段性结果评价,例如期中期末测试等。终结性评价既是对评价对象(学生)进行全面评定,又是对课程设计者(教师)实施的效果评价。因此两种评价类型都符合"现代商业素养培育"的体验式课程评价的要求。

在对学生进行评价时,无论是形成性评价还是终结性评价,评价主体应该是多元化的。体验性课程评价需要教师评价,更要重视学生的自我评价,这样的评价才能产生效果,才能转化为改进的动力和行为。学生自我评价过程也是学生自我反思、自我发展的过程,既调动学生的积极性,也保证评价效果。同时为了体现评价的客观性,根据实际情况,评价主体还可以增加小组互评、他评和家长评价。小组互评或他评,可以是活动小组组员互评,或班级活动组织者对学生在活动中的表现进行他评。家长评价主要由家长对学生参与活动前后的表现进行评价。评价主体的多元化,确保教师、学生、同伴、家长共同参与。这样的评价结果更有说服力,学生的主观能动性受到极大激发。

根据学校实际开发的课程内容,结合课程评价原则、评价类型和评价主体,学校采取多种评价方式。包括成长记录袋评价、积分制评价、差异性评价、评选性评价等。

一是成长记录袋评价。成长记录袋也叫档案袋、学习档案或成长记录。成长记录袋评价是学生发展的过程性评价,是指评价学生学习成就或持续进步信息的一连串表现、作品以及相关记录和资料汇集等内容。在"现代商业素养培育"的体验式课程中,成长记录袋评价的特点是学生通过体验式课程,反映学生做了什么、发生了什么、为什么这样、现在怎样、进步了什么,学生体验成功,感受成长与进步。成长记录袋评价能体现学生在学习与发展过程中的优势与不足,学生在达到目标的过程中付出的努力与进步,并通过学生的反思与改进,激励学生取得更高的成绩。

学校每年暑期宁波研学活动。每年暑假组织学生参加宁波研学旅行活动。通过走访叶氏义庄、中兴中学、宁波帮博物馆、吴一峰纪念馆、竺可桢纪念馆等地,让学生进一步了解叶公澄衷的辉煌一生和优品格,了解优秀校友的成长轨迹,更好地传承学校的历史文化,铭记和传承"持诚求真"校训。该课程采取成长记录袋评价的方式(表5-4),记录学生在宁波研学中的活动体验,感受自己的成长与收获。

表5-4 宁波研学旅行体验式活动档案袋

班级		小组		姓名	
学习准备	阅读《叶澄衷画传》,了解学校创办人叶澄衷的传奇人生; 查找资料,了解宁波帮博物馆、叶氏义庄、竺可桢纪念馆、蔡元培故居等研学地点的相关信息,了解相关校友的人生经历; 组建5—6人研学小组,以小组为单位学习研讨,组长负责组织交流及收集资料; 了解研学任务以及活动安全等。					
拟深入展开探究的课题	小组成员交流,选择感兴趣的探究题目,收集资料,在导师的指导下,完成一份研究性学习报告。					

续 表

学习成果呈现方式	研学活动记录册； 小组研究性学习报告； 个人完成研学活动体会和交流。
研学活动记录	研学过程内容记录,记录研学过程中的点点滴滴,看到的、学到的和想到的。
研学收获	你的收获有哪些？ 研学活动中,你们组你最佩服谁？ 研学活动中,最令你难忘的人或事是什么？ 活动中的成长是什么？
研学反思	活动中存在哪些问题？ 如果再组织一次研学活动,你的建议是什么？

宁波研学旅行体验性活动的成长记录袋评价,重视过程性评价,关注学生学习和体验的过程。评价采取自评、组长评价和带队老师评价相结合的方式。其中带队老师及小组长随时记录学生的研学情况,督查学生的研学情况,计入研学活动记录册。最后根据评价表开展学习评价。

这种评价方式特别适用于综合实践活动课程,如上述的宁波研学旅行体验式活动。它能描述学生学习与发展的过程,了解自身不足及取得的进步。是对学生的发展状况进行鉴定和评估,学生在自我评价中反思,从而获得继续学习的动力。

二是积分制评价。积分制评价是用积分（奖分或扣分）对学生的能力和表现进行全方位量化考核的评价方法。积分制评价把积分制度用于对学生学习的激励和管理,以积分来衡量学习的水平和进展,反映学生的综合表现,调动学习者的积极性。

拓展课程不同于学科课程,实施过程中成效的体现应不同于学科课程的"量性评价",但是拓展课程的评价也不能完全采用"质性评价"。"质性评价"可能会让学生目标导向不清,学生对拓展课程的认识产生偏差,认为是玩耍课或是课外拓展课,对拓展课程的内容、方法、过程容易产生"迷茫"。若采用了半定量化式的"积分制"评价,可以解决上述认识上的偏差。积分制评价在某些课程评价中适用,特别是学生实验方案设计方面的拓展课程,"积分制评价表"目标导向清晰,学生不仅对实验环节清晰明了,而且对每一环节做什么、怎么做,了解透彻。

如,案例《商业广告的真真假假》的设计与实施,本课程中涉及两个实验室实验,第一个是通过正交分析法设计实验得出最好的实验条件,第二个是手工皂的制作。这两个实验的积分制评价(表5-5)(表5-6)既考查学生的学习过程,又注重学生的学习结果,使得评价更真实、准确和全面。

表5-5 《通过正交分析法设计实验得出最好的实验条件》的评价表

评价内容	实验步骤设计	实验操作	实验结论
满分	10	10	10
实际得分			

表5-6 《手工皂的制作》的评价表

评价内容	实验操作	产品
满分	10	10
实际得分		

"积分制"评价让课程评价有章可循,实现民主化评价。评价表中的各项内容,设置了不同分数,学生每完成一项任务,就能获得相应的积分。从"积分制评价表"中,我们可以清晰地看到此课程同时运用了形成性和终结性两种评价方式,如,《通过正交分析法设计实验得出最好的实验条件》的评价表中,既关注实验步骤设计、实验操作的过程性评价,体现学生科学探究素养;又关注实验结论的终结性评价,通过目标导向让学生获得成就感。

三是差异性评价。差异性评价是基于对学生发展差异性理解的评价,是教师在利用多种途径正确认识学生发展差异的基础上,在评价目标、评价方式、评价内容以及评价主体等方面采取的一种差异性评价模式。

由于各个学生的基因遗传、家庭背景以及社会环境等因素的不同。学生个体的各个方面发展存在一定差异。教师在对他们进行评价的时候,不能简单化,以偏概全,而应实施差异性评价。这种评价有别于注重评价整体统一性的评价,差异性评价包容学生的个体差异,并根据学生的实际能力,进行差异性评价,促进最大程度发展为目的,其显著特点"承认差异、利用差异、发展差异",通过多元性评价促进学生发展。

在团队实践体验课程中,要求团队成员互助协作,以达到团队最大学习效益。在团队中根据学生能力差异,让其在不同的位置上发挥各自最大的优势,并通过与其他学生的协调合作,完成团队实践体验课程。教师根据学生的不同特点,参与课程活动中的不同部分,再根据参与度的多少、贡献度的多少、重要程度等赋以不同的权重,再结合学生参与部分的具体表现,两者综合考虑得出一个具体成绩。这是一种对学生发展中的差异进行的评价,此评价更具有科学性和客观性。

如,在小组互助合作实验中,为了让每名学生都参与其中,同时培养学生的团队协作和学习能力,在实践教学环节中采用分组协作的方式完成。成绩表中既要显示小组综合成绩,也要体现成员的个人成绩,成员间成绩的差异通过各自不同的贡献率实现(表5-7)。

表5-7 个人成绩

项目	小组成绩	学生姓名					
		贡献率(%)	项目成绩	贡献率(%)	项目成绩	贡献率(%)	项目成绩
成绩合计							
备注:贡献率由小组协商评定,评定标准参考贡献率评分表。							

学生个人贡献率可以根据实际情况由小组协商评定。如上述小组互助合作项目中的几个重要贡献点,可根据学生个体能力差异性,选择适合自己的一个或几个贡献点进行实际操作,以发挥每名学生个体的最大优势。这不仅能使学生个体成绩优秀,而且保证小组互助合作实验成绩突出。差异性评价能发挥学生的主观能动性,调动课程学习的积极性,差异性评价重视学习的成果,更重视学习过程中的差异,成为促进学生学习的评价方式。

四是评选性评价。评选性评价属于终结性评价类型。在体验性课程结束时,由学生和老师共同参与,开展优秀商业实践之星评比。对于在职业体验活动、社会实践活动、志愿者服务中表现比较突出的学生,给予"职业小达人"、"实践小能手"等称号。评选性评价既能激发学生学习积极性,又能展示校园特色文化创建氛围,学生在激励性的学习中具备适应终身发展和社会发展需要的必备品格和关键能力。

如,学校开设拓展体验课程"我是小小操盘手",是以学生实践操作为主的拓展课。学生通过操作证券市场的股票买卖,了解我国经济情况,体验证券操作过程,交流分享投资过程中的情感体验。并培养学生用数学手段处理信息的能力,实现培养学生商业素养的目的。该课程因自身特点,不适合"量性评价",更适合评选性评价。根据学生操盘比赛成绩和对某只股票体验模拟买卖的大致盈亏情况,选出"炒股小达人"、"操盘小能手"等称号,以鼓励学生"模拟操盘"的积极性,促进学生商业素养的启蒙。

在现代商业素养培育的体验式课程中,更关注过程性评价,终结性评价起到辅助作用。在过程性评价类型中又有许多有创意的评价方式,包括成长记录袋评价、积分制评价、差异性评价等。这些评价方式的最终目的是促进学生的有效学习。学生们在不同的过程性评价方式中反思自己学习中的优势和劣势,明确自己下一步应向哪方面迈进,及时调整学习策略,改变学习方法,深入到体验性课程中,确保自己在终结性评价中展示自己最优秀的一面。教师通过不同的过程性评价方式,及时正确判断学生的长处和短处,为学生提供优质的反馈和具体建议,促进学生有效学习。

本章以课程案例的形式,深度聚焦特色课程的实施路径、学习方式和认证评估方式,窥一斑以见全貌,以此来展现学校课程的实施情况。

(整理人:潘红星、柳毅)

第六章 以学生综合素养的提升为关注点

学校"现代商业素养"特色课程是以学生需求为导向,是以服务学生成长为目标的。因此,学生在特色课程中成长是我们要第一关注的。学生的成长也最能说明学校的特色课程的实施成效。

一、在读书中涵养性灵

学校重视读书活动源远流长。据校史《读书突击——读书运动的一个方式》一文中作者对读书有着这样的阐释:"学校教本,实在夸不上说是书,只是知识的某部门的一个简要纲领,只是一个门框子而已。熟读了教本压根儿算不得读过书的。正如望见了人家的大门便算已经到过了,岂非笑话!我们应该努力多读课外书。"鼓励学生多读课外书,也可以从当时学校图书借阅量和学校举办的"读书竞赛"活动中得到佐证。民国二十六年(1937)上半年学生借书数约12 000册,这个数字还不包括儿童图书馆的借书数。当时开展的"读书竞赛"活动也很有意思,竞赛方式是从学校图书馆中选出名人传记、人类文化、科学常识、历史常识、地理常识各一部。分别从五部书中摘录一段文字,要求竞猜者能说出五段文字的出处、作者、书的内容梗概。当时学校图书馆的藏书约有15 000册,学生要从这么多的藏书中读到比赛书目,足见学生的阅读储备和阅读的积极性。怪不得很多从澄衷毕业的艺术大家,在回忆自己所取得的艺术成就时,都提到学校重视阅读为他们打下了很好的精神底色。

如今的澄衷定期举办师生读书活动,上一轮五年发展规划,学校将"高中生阅读素养发展的实践研究"作为与规划配套的课题,并成功申报为上海市规划课题,结题成果荣获虹口区课题成果评比一等奖、上海市教育科学研究院第五届学校教育科研成果一等奖、2017年上海市教学成果二等奖。学校还组织徐晶老师以《给你一把钥匙——中国现代文学经典阅读》为题,在上海市名校慕课平台推送慕课。

学校也把阅读作为提升学生现代商业素养的一种重要路径,除了向学生推荐《叶澄衷画传》、《商道酬勤》、《澄衷》等校本读物外,学校还在每个班级设立图书角,向学生推荐《牛奶可乐经济学》、《经济学通识课》、《小狗钱钱》、《穷爸爸富爸爸》、《蓝筹孩子》、《我是小老板》、《MBA十日读》、《生活经济学》、《货币战争》、《世上最简单的会计书》、《斯坦福极简经济学:如何果断地权衡利益得失》、《世界是平的:21世纪简史》、《谢谢你迟到——以慢制胜,破题未来格局》等旨在培养学生现代商业素养的图书,并鼓励学生写读后感。

才华立业,品行服人
——读《叶澄衷画传》有感

刚入学时我就曾驻足于叶公雕像前,感受那扑面而来的,百年岁月的沧桑。他或严肃忧虑或欣慰含笑的神情,肃立的身姿都散发着独特的气场。如今有幸拜读《叶澄衷画传》,可以接近这位传奇人物的生活,感受他与那个时代整个晚清社会的动荡和荣辱与共的历史,也更了解到他的成功历程和思想境界。

徐世昌曾说:"凡建立功业者,又立品为始基。"叶公有着举世罕见的商业头脑,但相比之下,他那令人高山仰止的崇高品格才是最令人钦佩的。

其一,诚信。不信不立,不诚不行。叶公生于乱世,家庭贫苦,八岁丧父,十五岁就独自一人闯荡上海。在这样艰苦的条件下,当他意外拾得一笔巨款时却没有半分心动,而是守候渡口等待失主,原物奉还。可谓是将"诚信"二字做到了极致。助人者必助己,叶公也就是在这位失主的帮助下走上一条经营五金的致富之路,成为享誉上海滩的"五金大王"。

其二,感恩。百善孝为先,在叶公创业初成时就想着将自己的母亲接到上海来共享天伦之乐。知恩图报,善莫大焉。待他事业有成,早已成为一方巨擘时,还不忘当年待他不薄的杂货铺老板夫妇,为报恩将已独居的老板娘接回家中奉养。

其三,本色。商人重利,自古而然。然而,一个真正成功的商人,往往既重利又不轻义,叶公即使在成为名流巨富后仍保持平民本色,过着俭朴的生活。他不忘百姓疾苦,扶困济贫,慷慨行善。所以在宁波帮中流传着这样一句话:"做人当如叶澄衷。"这短短七个字,也是对叶公一生的最高褒奖!

这品性中最根本的底蕴是爱国之情。即使长期与外国人交涉,叶公的爱国热情也未被削减一分。在民族危机深重的时候,他挺身而出,在个人得失和国家利益中毅然选择了后者,充分发挥了一位商界巨子的影响力,坚定地站在了反抗外来压迫的斗争前沿。如他在四明血案后会议上所说:"诚然,我等乃甬人,自应代表甬人利益,但我等更是中国人,更应有中国人之骨气。岂可在洋人的恫吓面前低头?小人死于利,君子亡于义,今日是也!"他那义正辞严、慷慨激昂的话语仿佛具有穿越时空的力量,同时激励着两个时代的人。

叶公的远见令他意识到"兴天下之利,莫大于兴学",自此创立新式学堂,才有了我今天课桌下的这一方土地。叶公奖掖后生的想法早在他成就大业时就能看出。即使面对天津顺江号接二连三的跳槽现象,叶公也未曾生气、刁难,反而热情鼓励、倾囊相助。

当我终于翻过最后一页合上书时,才真正体会到"做人当如叶澄衷"这句话的真实含义。叶公以才华立业,以品行服人。但倘若无高尚的品行,那他空有一身才华也无处施展,即使是另辟蹊径,也定会因人际关系等琐事止于途中。所以我们应该秉承校训——"持诚求真",即使无耀世之才,也有立身之本。

(2018 届 4 班 岳柳岑)

二、在课堂中收获成长

学校除了在学科课程中有机结合现代商业素养培育,更从满足学生发展需要的角度,立足教师的学科背景和兴趣特长,开设了现代商业素养拓展课和现代商业素养与学科融合拓展课。以周园臻老师为例,他开设了"生活中经济学"拓展课,课中他组织学生开展了几次校内创业活动,如"'好一间'杂货铺"。学生们的创业热情值得鼓励,但真正让观摩老师眼前一亮的,是学生用自己所长设计的创意产品,既服务于身边师生,又融入自己的智慧。吴泽宇同学计划推的"澄衷二手教材租借书店"APP 就是其中一例。

澄衷二手教材租借书店

一、产品简介

提供市教委指定的旧教材的租借业务,方便同学们寒暑假提前进行预习。

二、学校协助书店完成的工作

在学年末,特别是毕业班同学毕业前夕,学校鼓励同学们将他们已经不用的旧书籍拿出来,集中存放在澄衷二手教材租借书店,学校提供一定的空间存放书籍,方便需要的同学在寒暑假前提前拿到新学期的书进行预习,也便于旧书籍的循环再利用。

三、可行性分析

该服务号在公开举办的班级创业活动中试运营,发现有不少同学有在服务号上借书的需求,可行性尚可。

四、启动资金预估

预算资金2500元,包含开发四个界面(借书、还书、我的借阅单和我的学籍注册),及绑定开通微信钱包收费使用权的费用。

五、产品展示

直接打开微信,关注"澄衷二手教材租借书店"公众号,可看见大致效果,由于还没有正常营业,所以许多功能还存在问题或者无法使用,在后期运营中会进行修补和改进。

六、产品费用

用于出借的各年级的书籍,每本书借阅一个假期的费用是5元,其中2元归原主人所有,3元维持书店正常的营运。出售按书的品相,为原价的2—3折,费用归原主人所有。押金为书价的3折,如到期不归还可直接扣除其押金。本解释权归书店所有。

(2020届3班　吴泽宇)

三、在活动中体验美好

综合实践活动课程是学校对学生进行现代商业素养培育的重要课程,具体又分社团课程、生涯规划课程、专题教育课程、社会实践课程、自主管理课程、研究性学习课程和商业嘉年华课程等课程模块。

(一) 在社团特色活动中成长

据1906年2月23日到7月26日《胡适澄衷学堂日记》记载,当时澄衷就有自治会、阅书社、集益会、理化研究会、讲书会、算术研究会、英语研究会、球会、运动会、安徽旅沪学会、化学游艺会、学艺会等社团,社团成为学生积极开展各类社会实践和科学研究活动的阵地,并从中锻炼学生的自主管理能力。

学校社团高一学生全员参加。社团前期的工作包括招募宣传,社员自愿报名选择社团,为新社团配备指导老师,指导老师组织新社员选举产生社长,经过四个环节后新社团正式组建成立。每学期,社长要写出社团课设计,旨在培养学生多方面的素质和能力。每个社团要在每年五月社团节中开设一次社团活动展示课,主题、内容、形式等自主决定。为确保社团活动的有效性,学校制定了社团活动课制度,包括社长工作守则及社员守则,并有完善的评优制度。每个社团都有自己的公众号。有乐林社等多个社团荣获"虹口区优秀社团"称号,模联社多次参与并承办区域性的活动,是学生心目中的明星社团。

近几年,学校将社团活动内容与学校特色建设相结合,新设了商业社,并让传统的社团融入现代商业素养培育的内容。

学校商业社成立于2015年,自成立以来,在校内成功地开展了115周年校庆纪念定制T恤的义卖活动,并在JA指导下,由JA资深志愿者为社团开设"青年理财"、"青年经济学"、"学生公司"等课程,还不定期带领社团成员参加实践活动,如,参观位于陆家嘴的全球最大的财经资讯服务提供商彭博资讯公司,参加恒生银行的职业体验活动等。学生多次参加市级比赛,如,学生曾参加全国商业挑战赛,进入20强。

体验,然后知不足

这是一次不一样的职业体验,颠覆了我对银行的认识。

在我既有的印象中,银行的工作无非就是存钱、取钱、理财、投资之类的,工作人员也就整日坐在电脑桌前与一堆数字打交道。

而在此次职业体验活动中,听完志愿者耐心的解说后,才发现其实并没那么简单。它有一个非常完整的体系,从前台到后台,从销售部到人力资源管理部……各种专业名词让人眼花缭乱。

有幸以银行工作人员的身份来了解它的运作,尤其是下午的职业角色扮演,让我真切感受到它背后需要的专业素养。

我们组展示的是 KYC 部门经理与客户的对话,在 20 分钟的准备中,我们发现了一些问题:如何顺利地打开话题?如何转换话题而不显得尴尬?

幸得志愿者老师的耐心帮助,我们才将对话落实到每一个细节,包括在解说过程中的礼貌用语,向客户推介产品时的自然衔接,同时,热心地递上一杯温水也会让人觉得更亲切,等等。

银行的工作不仅与钱打交道,还与人打交道,这需要良好的观察能力、沟通能力。

同时我也感受到团结合作的重要性。在扮演中,光靠一个人是很难完成任务的,毕竟人无完人。因为准备时间有限,有的同学会紧张忘词,我们一起想办法,齐心协力,才使得这次展示顺利进行。

成功的道路需要合作,俗话说"三个臭裨将,顶个诸葛亮"。体验的过程中,我们发现自身的不足,而良好的合作可以弥补一个人的不足。用好每个人的优点,才能取得成功。

体验,然后知不足。在今后的学习生活中,我们就可以在不足的方面,不断磨练自己,提升自己。我想这就是职业体验带给我们的收获之一吧。

(2021 届 4 班　周宇菲)

(二)在校史教育主题活动中成长

学校有对学生开展"六个一"校史教育活动的传统:入学第一课,参观校景,观看

《百年澄衷》;选学一门校史课程;学唱一首老校歌;追踪一位老校友;培养一支校史学生讲解员队伍;践行一条校训。

第一,追寻校友活动。追踪一位校友,就是追随他的成长轨迹,研读他的作品,在研究中获得正能量。学校除了人手一册《百年澄衷拾英》校本读本以外,每学年各班选择澄衷历史上的一位校友作为本班学习考察的对象,并开展系列学习活动。如,主题班会、主题演讲、学习体会交流等。

高山仰止重然诺
——追寻校友足迹之李达三先生

天上有一颗李达三星,

地上有多座李达三楼。

天上星光璀璨,地上楼宇高耸。

天地仿佛都在诉说着李达三光辉的创业历程。

诞生于浙江宁波的他,在上海度过了少年时期。李达三的父亲李洪斀先生早年拎一只铺盖到上海谋生,从烟纸店伙计做到电料行老板。李先生在接受采访时念念不忘父亲留给他的"宝贵财富"。父亲曾经给人家做过一次口头担保,后来这个人出事了,要赔一大笔钱,父亲没有二话,认赔。从此李家多了一条规矩:不要随便应承人家,但是一旦应承了,就要负责到底,这就是古人讲的"重然诺"。李达三先生从父亲那里接过这条家规,从儿子一直传到孙子,而且希望一直传下去。

澄衷在1934年迎来了李先生,虽然只有三年的求学时间,但多年来澄衷的校训却始终被他铭记在心。因为"重然诺"和"持诚求真"不仅内容暗合,更是精神相契。在澄衷毕业后,他去往复旦深造,通过自己的不懈努力,拥有了今天令人们惊羡不已的成就。

当我步入澄衷校园的时候,"李达三楼"这四个大字马上映入我的眼帘,原来我们的教学楼就是由李先生捐资建造的,他始终不忘在澄衷接受的教育,始终不忘在澄衷受到的精神感召。滴水之恩,涌泉相报。我们的老校友李达三先生,深深感恩着母校对他的谆谆教导,并以他的实际行动回报母校,要不是这一份深深的思校之情,怎会有拔地而起的李达三楼呢?澄衷为有这样的学子而骄傲。

回顾其创业过程,虽苦乐参半,但有三条原则是始终贯彻如一的,这些对于今天的澄衷学生也是非常受用的。

首先是以诚待人。关于诚信,关于儒家的传统道德观念。决不是一句口头标榜或者是空洞的宣言,而是渗入骨髓的一种信念和奠定他一生成功的基石。待人首先要用心去换心,以真诚去缔造真诚。这样才能换回别人对你的真诚。在校园生活中,我们只有以诚待人,才能与同学友好相处,收获真情。要想以诚待人,首先要学会做人,堂堂正正是为人的最基本准则,是一切道德之首,是人格品德的核心所在。这个理念与我们的校训"持诚求真"相呼应,将不断影响每一名澄衷学子。

勤劳,也是李先生认为很重要的一点,他正是依靠勤劳努力,不断吸收新的科技、新的管理方法,才取得今天的成就。如果我们把他的理念转化到学习上,那我们的学习生涯一定是"锦绣前程繁花盛开"。

最后一点,合理节约。李达三先生成功以后,拥有可观资产,但在生活中他并没有选择享乐,而是勤俭节约。现在我们的生活水平提高了,不论男女老少都希望自己的物质追求和精神追求能提升。但无论何时,无论家境国情如何,我们自身的追求不能超过应有的标准,应该像李达三先生那样保持"节俭"的作风。

李达三先生身上有许多值得我们学习的地方。取其一处学之,也会受益无穷。

天上有一颗李达三星,

地上有多座李达三楼。

我们澄衷学子的心底矗立着李达三精神的丰碑。

(2016届1班　张洁莉)

第二,诚信教育活动。每年三月,学校以"三诚"教育为抓手,开展践行"持诚求真"校训的活动。同学们根据自身的特长与爱好,自主报名参加各类活动,活动包括:校史故事广播、诚信故事征集、校训感悟演讲比赛、辩论比赛、主题班会、箴言收集、课题研究等。学校还在期中、期末考试中设立无人监考的诚信考场,由同学自主报名并与学校签署诚信公约。学校在考试结束后也为这些同学颁发荣誉证书,以表彰他们的慎独、自律精神。学校还定期在学生中评选"诚信之星"。

儒商情怀诚为本

一位社会学家就"为什么我会成功?"这个问题在1000位成功人士中做过调查,结果出乎人们的想象,没有一个人认为他们的成功是因自身才华出众。他们中绝大多数人认为:成功的秘诀在于"诚信"。其中一位只有小学文化的企业家说:"高深的理论我不懂,我只知道,诚心诚意对待我的每一位客户,诚心诚意地对待所有与我合作的人。"诚信使他不断发展着自我的事业。

我校创始人叶澄衷就是这样一位重诚信的人。

17岁时,叶澄衷先生来往于黄浦江上,靠摇舢板为生,生活十分辛劳。一次外商乘船忘了带走皮包,他便在渡口等待外商来取,并一分不差地还给了外商,这就是他为人的诚信。在叶澄衷先生传奇性的创业历程中,诚信宽厚的性格帮助他在穷途时得到难得的机遇,在萧条中仍旧昂首前行。在宁波商帮中,一直流传着这样一句话:"做人当如叶澄衷"。也由于这个品质,后期叶公得到了多方人士的帮助。他先后在上海、汉口、天津、杭州等地招收有一定文化基础学生,举办短期英语培训班,所有经费由叶氏企业全包,学习期为一年。创建了上海第一所由中国人创办的进行正规现代教育的学堂——"澄衷蒙学堂",它就是我校的前身。一百多年来,这所学校为国家培养了4万多毕业生,其中不少成为著名的学者、科学家和事业家,比如胡适、倪征燠、竺可桢、乐嘉陵和李达三等。此外早在1871年,他就出资3万两银子在老家庄市创办了叶氏义庄,帮助穷苦孩子免费读书,接受英语等现代教育,包玉刚、邵逸夫都在这家义庄接受了启蒙教育,薪火相传,叶澄衷教育兴国的理想,通过求学于此的学生延泽了一个多世纪。

诚信是中华民族的传统美德,是经过漫长、沉重的生活之浪淘沥而出的赤纯之金。因而,我们今天谈诚信,绝不是突发奇想。叶公是靠诚信起家的,他留给澄衷的核心精神是"诚信为人",作为澄衷的学子,我们更要坚守诚实,追寻真理。

我们正处于青少年时期,这是人生中塑造人格、修养品德的重要阶段。诚信对于成长中的我们尤为重要,诚信品质的养成也源于我们生活中的点滴。如何上好每一堂课,如何认真完成每一次作业,如何诚实面对每一场考试,都是诚信对我们的考验。假如我们在年轻的时候就随意糟蹋自己的诚信,用虚假的成绩和虚伪的态度来面对学习的话,我们将难以在未来的世界立足。

诚信是彼此的互动过程,内诚于心,外信于人,只有拥有诚信才可能走向成功!

(2017届5班　熊浩东)

第三,举办澄衷讲坛。从1914年起,学校持续引进社会名流来校给师生演讲,据不完全统计,邀请的名流有100多位,演讲达256场。又组织学生演讲,开设各学科的演讲会,持续设立"演讲竞争会"。学校的有关演讲的校史研究项目曾作为区校合作项目,结项成果荣获区一等奖。

今天,学校把这一传统保留了下来,除了定期组织学生演讲比赛,校内成立辩论社,每星期由学生参与升旗仪式的主讲,一些学科课前举行3分钟演讲外,学校每学期邀请知名校友、校外专家2—4人来校举办讲座,内容涉及生涯规划、特色推进、艺术欣赏等,一场讲座,就是一门微课程,至目前有30余次。学校正在将校史上遗存的部分讲稿,以及近几年学生层面和教师培训层面邀请来校讲座的大家讲座结集出版,预计年内可以和师生见面。

最近一次的澄衷讲坛,我们很荣幸请到了复旦大学管理学院副教授孙金云博士,他以《互联网时代的商业逻辑》为题作了精彩的讲座,很多师生听后觉得启发很大,意犹未尽。配合讲座,我们进行了《互联网时代的商业逻辑》的征文,下面撷取的是此次荣获征文一等奖学生参加活动后的体会文章。

《互联网时代的商业逻辑》写作心得

从迷茫的心理状态到日渐清晰的思路脉络再到论文的完成,每走一步对我来说都是新的尝试与挑战,回想写作过程中的点点滴滴,我感慨万千、收获良多。

这是我进入高中以来第一次写作论文。记得在寒假前被告知要写一篇两千字的关于互联网时代的商业逻辑论文时,我内心彷徨、手足无措,因为我连什么是论文都不清楚,更不用说去完成它了。但我想,我应该去尝试挑战一下,不做怎么知道自己不行呢?

在这里我要感谢我的论文指导老师,是她耐心、细心与严格的指导才有了我的点滴进步。观点是否鲜明、逻辑是否严密、层次是否清晰、详略是否恰当、语言更要精雕细琢,我的论文就这样被要求反复修改了好几次。老师每一次的批评指正都让我对论文课题有了更进一步的理解,促使我深入地思考。毫不隐瞒地说论文最终的定稿已经和我的初稿完全不同了。此次论文写作提升了我的自主学习能力,让我学会多角度思考问题,学会透过现象去归纳与总结事物的本质。学写论文确实是一个艰难的过程,但是我辛苦并快乐着。虽然期间走了一些弯路,但最终的结果是令人满意的。

此次的论文演讲更是锻炼了我的胆量和语言表达能力。这是我第一次在学校大礼堂里面对整个高一的师生们进行演讲,心中难免会有些紧张。幸运的是在准备演讲期间,老师和同学们给了我极大的鼓励,增强了我的自信心,经过不懈努力,我终于能够在大礼堂大声流利地演讲自己的论文了。正所谓"台上三分钟,台下十年功",在这里也要感谢我的老师和同学们,感谢你们的支持与鼓励。

最后我想对所有同学说,面对写作论文这件事不要有畏难情绪,勇敢尝试就会有意想不到的收获!当然写作论文是没有什么捷径可以走的,唯有脚踏实地,在老师的指导下逐渐养成善于质疑、乐于探究、勇于创新的思维能力与学习品质。努力吧!相信我们都可以成为最好的自己!

(2021届4班 周宇菲)

第四,开展"澄衷市"义卖活动。叶公澄衷是晚清的著名慈善家,他除了创办满足民众生活需要的实业,修路架桥,设立医院等义举外,很重要的是在他的家乡和上海虹口,通过个人捐资各建造了一所学校,分别是叶氏义庄(今天中兴中学的前身)和澄衷蒙学堂(今日的上海市澄衷高级中学)。澄衷蒙学堂创办之初是义学性质,专门招收劳苦大众的孩子,费用全免。今天的上海市澄衷高级中学,学习叶公乐善好施的优秀品格,每年定期在校内开展"澄衷市"义卖活动,学生将自己的心爱之物和闲置物品拿出来义卖,义卖所得全部归入爱心基金。

汇绵薄之力,展创新之才
——2019年"澄衷市"爱心义卖心得

3月5日是学雷锋日,在这样一个意义非凡的日子里,学校团委举行了"澄衷市"爱心义卖活动。本次义卖的所有收入会纳入到校爱心基金,大家都希望尽自己的绵薄之力为基金注入一份力量。

作为团委学生会的成员,我们非常荣幸地拥有了一个专属义卖摊位。

书签和手袋是校园文化创意产品,它作为校园精神的载体,是诠释和传播校园文化的重要媒介。我们的设计初衷是希望将我校校训"持诚求真"和澄衷特色融合于一体。"持诚",就是保持一颗诚信之心;"求真",意味着追求一切真实之道。正是这样一种赤诚且追求真实的精神,引领着这所百年老校的师生勤奋笃实地度过每一天,去追求更辉煌的明天。因此,我们认为这句话应当铭刻在每一位澄衷人的心中。

我们设计的定制书签是银白色的,上面刻着"笃学明志,持诚求真"这八个字,设计力求精简且不失大气。定制手袋上不仅印刻着我校校训,还印有一幅水墨画。画中一轮朝日从青山上升起,"朝日"代表的是澄衷学子,而"青山"则象征着老师和家长。"朝日"在"青山"的映衬、烘托下冉冉升上蔚蓝的天空。我们的设计理念得到了师生们的认可。在义卖中,我们售卖的定制书签和手袋尤其受到同学们的欢迎。

一直以来,我校都在培养和发展学生的商业素养。通过一系列的商业素养课程和商业嘉年华等实践活动,为我们每一名学子将来走入社会打下了坚实的基础。这次活动,从提出设想,到统一意见;从校徽的构图位置,再到简单却富含深意的水墨画,精益求精是我们追求的目标,在每一名同学的努力下,最终成功完成了这两件充满澄衷特色的文创产品。

在售卖环节,我校团委学生会外联部充分发挥其重要作用:先是通过宣传海报,积极发布文创产品的图片,让同学们能够在网上提前预订,以确定产品的大致制作数量,并开发了相当数量的潜在购买者。

由于爱心义卖的时间较紧迫,还有部分同学的创想没有能够实现,如发动爱好摄影的同学拍摄校园风景,制成明信片。这样的明信片可以用来收藏,更可以寄送给亲朋好友,将我校的校园美景与校园文化传播开去。

这次义卖活动非常成功,让2019年这个不一般的3月5日变得更加不平凡。我们献出了爱心,贡献了自己的力量,也锻炼了自我。通过这次的活动,我认为我们可以尝试开创学生公司,充分激发和提升我校学生的创新能力与商业素养。让每一个小小的想法都有创造不一样的世界的可能!

(2020届2班 杜安娜)

(三) 在社会实践特色活动中成长

2014年起，上海作为新高考试点省市，高中三年要求学生完成60学时的社会实践学时。学校除了在这60学时中嵌入现代商业素养的培育内容外，更是利用寒暑假开展旨在培养学生现代商业素养的研学旅行活动，目前，已开设的研学旅行类型有校内研学、市内研学（包括走进复旦管理学院、立信会计金融学院、上海商学院等大学；走进校友实践基地；走进会计博物馆、叶家花园、蔡元培故居、银行博物馆等纪念场馆和博物馆）、周边研学（包括宁波研究，参观宁波帮博物馆、叶氏义庄；绍兴研学）和境外研学（如香港研学，组织学生去宁波公学和宁波二中开展交流学习，参观香港大学、紫荆广场等）。

我的宁波研学之旅：魂归故里踏歌行

微雨霏霏，是清新是自然是感动，那凉意，是一种温暖也是一种思念；大雨倾盆，是洒脱是急骤是震撼，那肆意，是一种刻骨也是一种呐喊。我们这群少年便在雨幕的笼罩下踏上了这次的旅程……

一、观杭州湾大桥

从上海启程一路向叶公故乡宁波前进，大巴疾行于大桥之上，滚滚浪潮从天际纷纷而至，天空在大雨的洗刷后显得有些朦胧迷离，丝丝雾气升腾而起更为之添上一分神秘唯美。但在海湾之畔，云深不知处却似有无数岛屿在闪耀，犹如满天繁星般叫人心驰神往，深深迷恋，这座跨海大桥宛如一条深藏锋芒的巨龙，低伏于巨浪翻滚深处浅吟低唱。

不时有车辆穿行在大桥之上，将目光投向窗外，在跨海大桥沿岸可见浅滩、草滩、无垠大海，小小海岛、工厂高楼，更有巨轮渔船、灯塔浮标点缀其中，仿佛行走在一幅唯美壮丽的画卷之中。三个小时的时间虽叫人深感乏累，但一路的美景实在让人沉醉，疲惫顿消。一路开了20分钟左右，桥的颜色就像是彩虹一样，红橙黄绿青蓝紫，每隔大概5公里就变换一次颜色，新奇而又绚丽。

这座全长约35公里的跨海大桥是由成千上万的设计师、工程学家和施工人员齐心协力、精诚合作建成的壮丽奇观。而我有幸将这一幕幕奇观记录下来，真是倍感荣幸。

二、访叶氏义庄

午后的空气有些闷热，我们迎着青砖黛瓦，走进了一座在近现代中国历史上意义非凡的私塾学校遗址——叶氏义庄。这座风雨百年的义庄给我的第一印象便是一股浓浓的儒雅别致的书香气。蒙蒙细雨不觉淋沥之苦，只因对探访古城文化满怀期待。

夏日炎炎，这座被誉为"江南第一学堂"的百年学堂里传出琅琅书声，孩子们在这里接受着道德讲堂的宣讲教育。

徜徉在此，抚摸课桌，仿佛时光回转。包玉刚、邵逸夫、包素菊等本地的孩童们在叶氏义庄接受了道德孕育启蒙教学，种下了闯荡全国乃至全世界的梦之种子。当年少贫辍学的叶公，怕是做梦也没有想到，依其遗志在家乡兴办的叶氏义庄，在风雨飘摇的20世纪上半叶，竟为家乡、为中华民族培养了一大批爱国爱乡的精英巨子。

这里的一砖一瓦，一草一木，一切的一切都记录着这群卓越者的丰功伟绩，永远铭记着他们为国家做出的奉献，表达着最崇高的敬意。

十年树木，百年树人。站在历史的角度上，回首再看叶氏义庄，它就像株蒲公英，本身小小的一团不算大，但是风儿带走的种子孕育出来的蒲公英却遍地都是，有些甚至格外"拔高"，在风中挺直着自己的脊梁，这些蒲公英又带去了更多的种子，形成不断发展的良性循环，最终为这片土地带来了勃勃生机。

三、游宁波帮博物馆

有些藏品，愈是简单，却愈显珍贵。宁波帮博物馆的每一份藏品都体现了每一位宁波帮人士的拳拳报国心。

大量的捐赠品，包括各式珍贵的手稿、私章、各类证书等。这些珍贵的史料、实物是先贤们兢兢业业为中国学术事业奋斗过程的真实记录，具有重要的历史、文化价值。这些展品不仅代表着学术传统和精神的永存，同时也能使后人更加感激怀念先贤们的卓越贡献。

宁波的一首民谣《小白菜》从某一层面让我认知到，大海赋予宁波人的"冒险天性"，他们可以不计较利害得失，甚至拿性命财产做赌注，与大风巨浪作斗争。另外，宁波地少人多，"其土地则沿海平壤类多斥卤，腹境处丛又硗瘠水少，俱不适种植"，这让宁波人不得不时刻面对土地供应紧张的局面。于是，走出去，成了很多宁波人的选择，他们凭借着一股子"不甘于居人后的闯劲"将目光投向了家乡外。

宁波帮人士凭借经商致富，"诚信务实"是对他们真实的写照，也是宁波帮在众多商帮中脱颖而出的根本原因。更令我钦佩的是，无论老一辈还是新一辈的宁波帮人士，总是把自己的前途和祖国的命运紧密联系在一起，满怀火热的赤子之心，为祖国的伟大复兴默默地做着贡献。

沿着展厅而上来到二楼，整个房间，柜子里陈列的，墙上画着的，幻灯片上放映着的……都是一只只精美的船只，不同造型的，不同时代的，不同用途的，试想一下那些精美的船只模型，这些普普通通的船只，竟然将小小的"宁波港"托举为震惊世界的"航运帝国"。

离开船舶展厅，各色店铺令人眼前一亮：药铺，钱庄，布店，粮铺……古朴简单的装饰，令人仿佛置身古代，宁波人打破当时陈旧的观念——"万般皆下品，唯有读书高"，勇敢而机智地跻身于商场，虽然其间历经辛酸苦楚，但最终名利双收。

漫步于宁波帮博物馆，感受着宁波帮精神所在。我不得不感叹这批人的锐意进取，敢为天下先的闯劲，也不得不折服他们功成名就后报效桑梓的道德情怀。

（2020届1班 施妍）

（四）在生涯规划课程中成长

上一个五年规划，"三自教育"是澄衷的德育特色，学校有分年级的德育目标和相应的教育活动。2016年5月，学校承担了长三角分层分类德育研讨会高中分会场的任务，并在会上进行了专题交流，受到与会领导和专家的好评。

随着新高考的推进，学校将"三自教育"与生涯规划结合，通过市级课题引领，以区校合作项目的形式推进等方式，不断地丰富"三自教育"的内涵。学校借助复旦管理学院优秀学子和本校优秀校友的力量，将他们聘为校外导师，聘请校内骨干教师担任学生的校内导师，"梦创"高中生"双导"生涯规划逐渐成为学校的特色。徐雪君副校长所撰写的有关"双导"的案例在上海市学生综合素质评价案例评比中荣获二等奖。学校有关"双导"的市级结题论文荣获上海市德育课题成果评比三等奖。

本学期，学校聘请复旦大学管理学院和立信会计金融学院的优秀学生担任高一高二各班学生公司的导师,以项目推进的方式提高导师制的实效性。2019年3月,学校还成功举办了JA学生公司的市级展示活动。

植然雅化妆品公司参观体验活动有感

2018年3月30日下午,我们一行8名学生干部在徐校长和陆老师的带领下,前往我校特色发展实践基地位于漕宝路的植然雅化妆品有限公司,进行了一次参观学习体验活动。植然雅化妆品公司由我校1987届校友王纪文创立,当天由于他临时有事不在,由公司人力资源部门的有关负责人同时也是澄衷毕业的校友接待了我们。

在与公司HR座谈过程中,她向我们介绍了公司人力资源方面的状况,将公司的人才战略向大家做了解说,并就职业生涯规划等同学们感兴趣的领域,与大家进行了分享、探讨。我们了解到了植然雅化妆品公司的主要经营项目以及主要的服务人群等,对其化妆品及公司情况有了较清晰的认识。随后,在校友的介绍中提到她们公司主要招收华东理工大学的化学本科生,还谈到了大学生初入社会的不适,以及如何处理人际关系等一系列的问题。校友通过自身的经历,告诫同学们在选科方面以及成绩方面,最重要的就是心态,不要和别人比,自己和自己比才是最重要的。只有不断自我突破,才能获得更大的成功。面临高考的压力,要调整好自己的作息规律,保持良好的身体素质,才能坚持到最后。校友讲解化妆品知识时语言通俗易懂,妙语连珠,让我们时而会心一笑,时而若有所悟、频频记录,不知不觉中,一个小时下来,同学们意犹未尽,纷纷表示原来平常听起来枯燥晦涩的专业知识竟是如此生动有趣,一堂课下来,抵得上平时在学校里半年的学习,而且内容之广,知识之新,与平时在课堂上不可比拟,大家对化妆品相关技术的兴趣更加浓厚。

简单座谈之后,我们在校友带领下参观了植然雅化妆品公司的实验室,还在两位工程师的带领下对整个实验室进行详细的了解,并对一些实验器械进行操作,还尝试了公司的无香精精油。生产车间参观与公司产品展示让同学们大开眼界,国际一流化妆品工业区,GMP医药企业标准设计和建造的厂房,空气洁净度高达10万级,同学们发现自己校友创办的中国民族化妆品企业的发展已经进入国际领先行列,这让同学们特别自豪,也对化妆品行业的未来充满了希望。在参观结束后的小范围讨论与交流中,同学们与公司领导共同探讨了民营企业怎么样加大科技投入,以科技振兴民族工业,缩小与国际大品牌的差距;人才与企业的可持续发展的相辅相成等话题,多名同学还现场咨询起怎么样加入公司这个大队伍,目光中充满向往。

短短几个小时的学习参观,我们收获很大,走进企业,真切感受到专业发展的最新情况,使学习不再只是书本,知识连着产品,连着消费者,连着民族工业。这次学习体验活动,让我们在了解化妆品研发的同时,也对自己未来的就业以及人生规划有了一个准备。作为一名学生干部,应该提升自己的领导力,加强学习,让自己变得更加优秀。通过这次学习体验,也让我感受到在进入社会时应如何有效处理人际关系以及提高做事的效率,不断提升自我,做更好的自己,将来为社会多做贡献,并回报母校。

(2019届 周晨 朱薇融)

(五) 在领导力课程中成长

学校团委历来重视学生领导力的培养,校内形成了金字塔形领导力培养模式。塔基为全体学生,塔中依次是班级干部、社团干部、学生会干事;班长、团支书、社长;团委学生会部长;塔顶为学生会席和校长助理。近年,学校不仅组织学生与复旦大学、上海交通大学、上海理工大学等合作共建,开展"青马工程"学习,而且还组织学生参加第九届全国学生领导力展示会。

"不为千家照,也要发一分光"
——参加第九届全国中学生领导力展示会有感

2018年7月20日—25日,我校五名同学来到上海市育才中学,参加第九届全国中学生领导力展示会暨首届中美中学生领导力展示会,我是其中的一名幸运者。本次展示会带给我的触动,历久弥新。在这五天的学习中,我聆听了许多不同主题的讲座,我们也以澄衷高级中学的名义在项目展示中交上了一份满意的答卷。从共享单车到人工智能,从区块链技术到热力学第二定律,我逐渐走进一个个未曾接触过的全新领域。在这样的学习交流中,我学会了很多课本上没有的知识,能力也得到了提升。但繁华落尽的时候,我却有些许迷茫:在这样的领域,我能为他人和社会,做些什么吗?

这样的烦恼并没有困扰我太久,那些来自五湖四海的伙伴们带领我找到了答案。

在第二轮小组项目展示中,我们从"帮助弱势群体"的大主题着手,最终选定了妥瑞氏症患者的核心内容。我曾对选择这个主题持有反对态度。因为在我看来,人们对于这类人群的了解度太低,推陈出新也可能给我们贴上"好高骛远、光说不做"的标签。后来是组长的一句话使我点头,那个比我还要小上两岁的男孩子说:"就是因为没有人关注,我们才要去做啊。这才是真正有意义的帮助。"那一瞬间我仿佛顿悟了一些。直到项目展示结束,台下的评委老师那一句"我很骄傲于你们关注到了妥瑞氏症患者,选择这样一类人群,你们很有勇气"。蓦地,我展露笑颜,不仅是因为努力得到了认可,更是因为我收获了一个很重要的道理。

我们这群十七八岁的孩子从全国的各个角落因为领导力大赛而齐聚上海,我们真的是要通过这短短五天成为可以独当一面、一马当先的领袖人物吗?显然不是,我们是在学习的过程中提升自己的能力、开拓自己的眼界、学会团结协作、学会分工合作、共享成功的喜悦、反思失败的不尽人意,这一切于我们才是更有意义的。我们发出的光芒可能十分微弱,放在社会中就仿佛银针入海,激不起一丝波澜。就如我们不见得能彻底消除妥瑞氏症患者的痛苦,但因为我们的选择和努力,会有更多的人了解妥瑞氏症人群,聚沙成塔,我们这群并不十分耀眼的星星最终也能照亮万家灯火。这便是我们每个人的意义所在啊。

时至今日,我仍然和那些伙伴保持联系,我们都是普普通通的小孩,领导力大赛使我们的人生有了短暂的交集,而就是在这段短短的交集中,我们也凭着一颗"为千家照"的心,发出了温暖的光。

(2010届1班 李远)

(六) 在研究性学习活动中成长

近三年,学校以一周一课时的形式,将研究型课程排入学生课表。每个班级都安排学生指导教师,指导学生研究性课题的开展。研究性课题全部围绕"现代商业素养"的主题。每年都会邀请校外的专家来校培训研究性学习的指导教师,担任学生研究性学习成果评比的评委。2019届学生的研究性学习成果《商业探秘》已结集成册。

2019届学生研究性学习报告获奖作品

最佳篇:《对"音乐商业"月亮湾的经济效益的调查研究》

创新篇：《共享单车的现实与未来的商业模式》《"种草"带来的商机》《"汤姆熊"的市场认可度调查》

实践篇：《从叶澄衷经商经历到现代北外滩航运业发展的分析与比较》《"一点点"奶茶店的营销策略调查与未来前景分析》《网红店吸引人的"保质期"会有多久?》

鼓励篇：《妒石传说的成功方法与营销手段》《共享单车发展前景及存在问题调查》《共享单车正在改变我们的生活》《抓娃娃机的现状与创新》

（指导教师：杭文韬　吕艳　冷红兰　周围　苏展　陈佳阳）

（七）在特色创新活动中成长

近三年，学校举办过理财大赛，每学年举办一次商业嘉年华活动，2018学年开学第一课，由澄衷学子表演自己学校的原创历史剧《天下之利》，活动不仅向自己学校学生开放，而且向区内和市内兄弟学校开放，我们力争把该项活动做成自己学校的特色品牌。

一是举办理财大赛。从小学开始培养学生的理财能力已成为美国、日本等很多西方国家的国家战略。自2012年起，国际PISA测试将金融理财素养列入测试项目。我国中小学增加财经素养教育的呼声越来越高。

从2017年起，学校发起并连续举办两届学生理财大赛。首届理财大赛邀请了虹口区各高中学段学校，每所学校组1—2支队伍。第二届理财大赛主要由本校高一高二学生参加，每班组1—2支队伍。

百年澄衷，百年商学
——访谈澄衷高级中学商业社

2017年5月12日下午，第一届"澄衷杯"高中生金融理财大赛在我校李达三楼大礼堂隆重举行。本次大赛自2017年年初筹备，期间得到了复旦大学管理学院、上海商学院、JA中国以及虹口区教育局的大力支持。大赛得到了区内各所高中的积极响应，以上海市实验性示范性高中华东师范大学第一附属中学为代表的十余所学校12支队伍参加了本次大赛。

经过2个多小时的激烈比赛，最终我校商业社派出的两支队伍分别夺得本次比赛的最高奖项特等奖和鼓励奖。赛后,我校副校长徐雪君老师谈到本次大赛的夺魁时,激动地说道:"我校是一所和现代商学教育有着千丝万缕联系的历史名校,举办这次金融大赛,对于我校传承历史、发扬商科传统具有十分重要的意义。我们希望通过举办这次比赛,让澄衷的每一名学生都能成为拥有现代商业素养的青年。"

本次大赛中,我校参赛的主体是高一商业社社团的同学,为此我们特意利用校刊这个平台,采访了本次大赛特等奖团队中的两位核心成员张艺文和郑仲杰同学,让我们一起来听一听,他们对于澄衷商业精神、学生社团和未来职业选择的一些看法。

主持人:这次的"澄衷杯"金融理财大赛,你们获得了最高荣誉特等奖,能谈一谈你对这次比赛的看法吗?

郑仲杰:第一次参赛并取得如此好的成绩,确实有些意外,但是我想成功的背后绝不单纯是个人努力的结果,还有在背后支持我们的社团指导老师以及为我们比赛尽心尽力的其他社员同学,他们才是我们背后真正的英雄!

这次的比赛,其实我们准备略显匆忙,初期我们没有考虑到设计产品的后期发展,仅关注于单一的营销理念,导致我们止步于此。然而,为了突破这一瓶颈,我们决定用客观的调查数据为我们的困难打开出路。在不分昼夜的街头和班级采访后,我们以最快速度整理出330份的问卷,这为我们最终获胜打下坚实的基础。而我们被评委点名赞赏的创意理念,也是我们在与一位专业投资者的聊天中受到启发而想到的最优方案。这一系列看似"痛苦"的历程,其实囊括我们"商业社的集体智慧",这不同于单纯"闭门造车"式的单打独斗,其实我觉得更像我校创办人叶公澄衷的"群智群策、立足真实客户"的商业思想。因而获胜之后,我深切地感受到我们的成功,恰恰是站在我们澄衷的"持诚求真"的初心以及学校百年历史沉淀的肩膀之上的,这也越发让我身为一名澄衷学子而感到自豪。

主持人:你选择澄衷商业社的初衷是什么?

张艺文:我父母都是商人,我从小就很崇拜他们,因为亲眼看到他们白手起家,几十年的咬牙坚持,才最终发展到现在的公司规模,对我而言这便是一种最好的人生激励。我从小就对商业金融方面有兴趣,因为这层关系,进入高中后,我毫不犹豫地选择了商业社。而说到选择商业社的理由,其实还有一个,那就是我十分看中商业社中有关商科知识、理念、技能的教授与培训,让我觉得澄衷的商业社能够真正帮助自己在未来的职业发展中有更好的提高与成长,毕业后,也能像我的父母一样成为一名独当一面的商界精英。

另外有一个插曲,听闻我参加这次的金融大赛,我的父母百忙之中,教了我很多商业方面的知识,并和我一起分析一些经典的商业案例和创新理念,给我开小灶,开拓思路,最终让我在比赛中获胜。进入商业社是我人生最棒的一次选择。

主持人:金融大赛的夺魁,对你未来的择业和人生会带来怎样的影响呢?

郑仲杰:"知之者不如好之者,好之者不如乐之者。"这次夺魁于我而言,是高中生涯中的精彩一笔,让我获得真正的专业锻炼和提高,也让我把商科专业作为未来大学志愿和择业的优先选择。我希望未来可以进入商业银行或投行,选择一份 HR 或 Sales 的职位,并能够成为在某一特定领域拥有足够影响力的商界领袖。

主持人:一个优秀的社团,背后离不开一个优秀的团队,能和我们介绍一下你们的团队吗?

张艺文:我们的团队一共四人。在计划方案的时候,郑仲杰一直和我讨论,两人也很有默契,总是在不经意间迸发灵感,这些灵感对后续有很大帮助。之后是做调查问卷,徐文浩将问卷的数据进行统计和整理,并做成饼状图以便研究。最后是做 PPT 和计划书,为了这部分工作,我们充分利用空暇时间。蔡宇宁在做 PPT 时会不停地问我们意见和确认内容,我和郑仲杰在写计划书时一边讨论措辞一边完善内容。在比赛演讲时,虽然稍有些紧张,但我觉得我和蔡宇宁的演讲表现还是很有说服力的。我觉得,团队的合作是获得成功最重要的一环,我也非常感谢我们这样的团队,因为一个优秀的团队才可以做出最优秀的作品。

主持人:你最喜欢的商界成功人士是哪位?能谈谈他对你的影响吗?

郑仲杰:相比于大家所熟知的马云、马化腾、王健林等世界级的成功人士,我母亲的一个朋友更让我钦佩。他真的是从一家公司的一个小小的销售员,一步一步凭借自己的成绩,做到今天他公司中国区的 CEO。或许你们会觉得好奇,这和那些传奇人物能相提并论么?在我心里,能!每一个成功人士的背后,总有着不为人知的辛酸,而我却深知他的辛酸。熬夜加班到当场昏倒,为了推销产品拿自己的手做试验……真的是有无数的事例,每一件都充满着他对工作的热情与执着。听起来可能很俗,但真的做到了,那就是成功。也深深记得他对我说的那句"做人做事,都要对自己有'充分'自信。相信自己是 the best one"。

主持人:你们的社团辅导老师听说是一位非常尽职尽责的人,能谈谈你对她的看法吗?

张艺文：我们的社团辅导老师是谢淑玉老师。谢老师是位认真到"可怕"的老师，她会鼓励我们，对我们的方案表示肯定，也会为了一个看似很小的"错误"和我们"较真"，直到我们找到最佳的方案方才罢休。在比赛的前两天，她和我们讨论设计方案到深夜。她的建议和疑问是我们在临门一脚时获得的最棒的"助攻"。比赛前，她鼓励我们，比赛后，她恭喜我们，我想，没有什么比谢老师的努力付出更让我尊敬的了。

主持人：最后能为我们澄衷学子提一些学习建议和寄语吗？

郑仲杰：同为澄衷学子，其实最想说的就是：做事前，我们要认清自己，做事时，我们则要相信自己。认清自己，让我知道自己的不足和弱小，心存谦卑，才能接受来自各方面善意批评和建议。相信自己，就是凡事都不要有"随便混混"的想法。既然决定要做这件事了，就要把它做好做完美，不留下遗憾，前路再怎样不堪，始终坚信希望，努力是对自己最好的回报。

最后我想用百年澄衷校歌中的两句歌词送给澄衷的同学们：

"祝我　兄兄弟弟努力进行慰公期，祝我　兄兄弟弟姊姊妹妹努力为学　相与毋忘此辛酸！"

结语：百年前，澄衷曾是申城声名赫赫的书香学府，百年后，虽然我们的地位远不如前，但是秉持着持诚求真精神的澄衷人，通过举办高水平的金融大赛，再一次唤醒了流淌在历史血脉中的商学精神，对于我们承前启后，开创新世纪新的历史篇章而言，想必一定会有更为深远的意义。商业社的成功还远不止此，澄衷学生社团的未来，也必将前程似锦，"一万年太久，只争朝夕"，让我们相约明年，一起见证澄衷学子们璀璨夺目的明天！

（周园臻，上海市澄衷高级中学社团负责人，思想政治教师）

二是举办商业嘉年华活动。自2018年起，学校将一整年的"现代商业素养培育"课程以商业嘉年华的方式予以呈现。时间通常安排在第一学期考试结束但还没放寒假的这一周时间。商业嘉年华活动既是学校特色培育的阶段总结，同时，也是学校着力打造的特色培育的品牌。第一届商业嘉年华主要立足校内学生。第二届商业嘉年华，学校承办了JA学生公司的全市展示活动，扩大学校商业嘉年华的参与面。

"学生公司"促我成长

甫入校时,通过学习校史,了解到澄衷中学是由企业家叶澄衷先生出资,于1900年创立的,他以其赤诚之心和睿智眼光,提出"兴天下之利,莫大于兴学"的理念。100多年后的今天,作为以培养学生现代商业素养为特色的澄衷,在2018学年引入了JA的"学生公司"课程。

作为商业社的一员,第一次听到"学生公司"这个概念的时候,我脑袋里满是"?",这是什么?学生还能创建公司?这公司是做什么的?……带着那么多的问题,带着满满的好奇心,我加入了"学生公司"课程的学习。

创建公司,首先要考虑的是定位。你的产品是什么?你的客户群是谁?毫无经验的我跟公司其他成员在产品开发上着实费了一番功夫。我们有过不少想法,台灯、解压神器、答案粘纸……但有的产品已经热卖了,市场饱和了;有的产品已经被替代,没有市场了;有的产品太小众,市场打不开……一次次头脑风暴,让我们无数次在提出设想,否定设想这样的循环中纠结。当我们快崩溃时,突然出现了转机。本学期开学第一天,是第二届澄衷商业嘉年华活动。活动结束后,我们在与指导老师谢老师的对话中,确立了将"书挂袋"这个学生的必需品作为我们学生公司的产品。

接下来要考虑的就是如何降低产品成本。我们不可能自己研发生产线,唯有利用好现在的移动互联网,多方征询、比价。每天放学后,我们做的第一件事就是打开阿里巴巴APP,不停地与厂家交涉,谈崩一家,那就再谈一家。整个过程中,似乎都练出了些好口才。

与此同时,我们还有产品发布的准备工作。写产品推介、做PPT、串讲,一系列任务等着我们去完成,我们经常放学后留下来讨论,每天都会在回家完成作业后的深夜,再花大量的时间去准备。为了更好利用时间,达到较为满意的效果,公司成员发挥所长,群策群力,明确分工,团队合作。文字功底好的"同事"准备产品推介,办公软件强的"同事"负责PPT制作,形象气质佳、表达能力强的"同事"担任"销售"……

这个过程不可能总是一帆风顺的,期间,我们也有过无数次想要放弃的念头。比起与厂家交涉时的无力,面对自身能力不足、经验有限、时间不够时的焦虑,有"同事"因为压力太大而哭泣,有"同事"因为怕说错,熬夜背稿子,只睡4个小时就去上学……

但是已经走到这一步，没有什么可以让我们放弃！

3月9日，我们终于迎来了现场发布会。演讲前的我非常紧张，明显感到自己的双腿在不住地颤抖，但我依然故作镇静地一遍遍地与伙伴们进行讨论。我们假设着评委可能会提出的各种问题，不停地互相打气、积极补台，因为我们知道我们是一个Team，我们知道此时我们代表的不是我们个人。作为东道主，我们怎么可以不全力以赴？

当天的发布活动圆满结束了。评委老师说："对于我们来说，这样的一个活动不仅仅是一次商业实践，它更多的是培养了我们对时间的管理能力与自主创新的能力。"还有位评委老师在赛后找到我们，与我们共同商讨产品的问题，还一遍遍地给我们进行答疑解惑，为我们学生公司今后的发展提供了很多好建议。感谢评委老师道出的真谛与悉心的指导。

现在想来，整个过程有茫然、有痛苦、有欣喜、有煎熬……有过数次想要放弃的念头，却又有更多想要坚持下去的理由。这是一种历练，使我有所得，有所悟，有所成长。我们意识到了自身的很多不足，这些不足也正促使着我们去改进，以便成为更好的自己。这是我高中生涯里一份珍贵而又美好的回忆，是我成长过程中不可多得的体验，是很多大人回望青春，不曾有过的尝试。感谢JA和学校提供这么好的课程，感谢社团指导老师谢老师和JA志愿者朱老师的专业指导，感谢"同事"们的努力。

我相信我们会越来越好，因为我们是澄衷学子。我们秉着"持诚求真"的理念将澄衷的商业基因不断传承，我们要用我们"平凡的第一步"继承传统，谱写属于我们与澄衷的新历史。

（2021届2班　梁凯越）

三是表演《天下之利》。澄衷美育源远流长。澄衷校史上也有在每年的校庆日纪念学校创始人的传统。过去的几年中，澄衷学子在虹口教育局于每年暑假举办的舞台剧表演中有不俗的表现。第一部舞台剧《东方之舟》中扮演女主角哈娜的徐丽婷，考上浙江传媒大学；第二部舞台剧《赤子之心》中扮演主角殷夫的高瑞杰，评上全国最美中学生，考上谢晋电影学院；第三部舞台剧《黎明之前》中扮演主角周恩来的杜雨宸，正行进在艺考的路上。他们都是没有表演基础的艺术白丁，因演戏而走上从艺的道路。为此我们考虑：可否把学校的传统和学生的演戏热情结合起来？于是，我们请来了知名作家叶良骏,由她创作的原创历史剧《天下之利》,在知名导演殷超斌等的指导下,经过一个寒假的热身,和暑假为时一个月的排练,2018年9月3日开学第一课正式与广大师生、家长和校友见面,引来众多媒体的报道,演出效果令人震撼。

整个过程因材设角,动手能力强的孩子做道具,写作能力强的孩子写通讯稿,画画水平高的孩子制作海报,口头表达能力强的孩子念旁白,表演能力强的孩子演戏,每个孩子在参与排戏的过程中都获得了多方面的发展,好几名学生的文章在《新民晚报》、《徐汇报》等报刊上发表。

戏剧落幕,人生开场

九月三日晚上,我望着空无一人的来歌堂。

舞台上的荧光胶带已经全部撕去,灯光全部熄灭,远处的化妆间里幽幽的灯光也即将消失。一片落寞。我明白这可能是我最后一次以演员的身份注视着这座礼堂了,我字正腔圆地说了声"再见",声音回荡在堂内,久久没有消失。动笔写这段文字时已经是九月九日了,如今回想起剧组的生活仍似余音绕梁,深深地撼动着我的心灵。

在这部戏里,我是叶澄衷。

"得令,遵母亲之命啊!"这句京剧腔是《天下之利》第四幕里叶澄衷在得知母亲愿意做寿后喜出望外,与母亲插科打诨的一句玩笑话。本来的台词是"好嘞,遵从母亲安排!"导演觉得不够生动,想起叶澄衷也是京剧票友,便提出改成京剧的词,说京剧腔的点子。

我对戏剧没有丝毫的了解,但对自己的嗓子还有点自信。在导演提出这个点子之后的那个中午,我就把这句词儿练了出来——舌尖顶住上颚,嘴唇微张,让气填满舌与上颚间的空气。随后轻轻发力,挺起咽壁,京腔京韵就如同春风一般从我嘴里淌出来了。

乐呵呵地去唱,导演说我的腔调和学出来声音是京剧脸谱中的"小生",我是真的一点都不懂,竟不知何为"小生",听导演解释了才明白。

我本是很自信、很得意的,想在剧组大家面前炫耀一番。可一试才知道,这事情远比我想象的要难。话剧讲台词与京剧表演用嗓子的方式不同,我又没有丰富的舞台经验,在台上容易紧张,嗓子就无法自如地在两种状态中切换。我听见"母亲洪氏"答应澄衷——也就是我,为其做寿,一个激灵站起身,张嘴就来:"得令!……"却没法继续说下去,因为我破音了,破得很难听、很滑稽。周围哄堂一片,我又是个要面子的人,脸一阵紫一阵红,夺门而出。

虽然这已经是我第三次参加剧组,可这次大多是新高一的新面孔,前几次的朋友也大多没有参加《天下之利》的排演,所以我在这里是地熟、人生。当着那么多新人的面出了丑,我当然无地自容。谁知有几名从未与我讲过话的同学追了出来,开导我,为我受嘲笑而抱不平。在他们的鼓励下,我重新回到了排练厅。所有人看着我一言不发,好像刚刚什么也没发生过,可空气却又好像凝固了似的。我找到排练时的站位,"洪氏"还在那等我。我微微弯下腰,双手抱拳,说出了那句台词。我的声音有些干涩,有些尖锐,但好歹还是说出来了。一开始周围鸦雀无声,不知谁带头拍了两下手,接着是零星的掌声,而后所有人都鼓起掌来。我才意识到自己的心在加速狂跳。

在那之后我的排练渐入佳境,整部剧的排练也稳步进行。期间我们将第五幕演给了滕俊杰导演看,他评价说我们"电"到了他;又说我是"老天爷赏饭吃";他教我们要燃烧自己灵魂去表演。

"从大柏树地铁站到复兴高级中学之间有一段很窄的、弯弯曲曲的柏油路,两旁种有梧桐,甚是清净。下过雨后,那条路上便会留下大大小小的水坑。我就是在那条路的某个水坑上滑了一跤,摔伤了肩膀的。"听了我的话,沙老师皱着眉摇了摇头。联排的前两天,我们已搬入了复兴高级中学来歌堂对本剧进行最后一步磨合。我却不慎在来排练的路上滑了一跤,左手上臂痛得举不起来,虽然在排练中能暂时忘记疼痛,因受伤而引起的低烧却影响了我的嗓子。联排的第一天,在台上,洪氏的身旁,我又一次地在这句京剧腔前破音了。这一破将我前日积累起来的自信一扫而空。公演的前一天,校长特地开车接我回家。坐在车上听着校长对我的夸赞和鼓励,我心中却说不出的紧张与难过,我实在不希望因为这小小的岔子,磨灭了一幕戏中的亮点,一个我准备多时、希望在所有观众面前展示的亮点。

从早上化妆、到在后台接受电视台采访、直到来歌堂熄灯,所有观众入座,只等一部好戏开场时,我都无时无刻不在想这个问题。在幕布之后、化妆间、厕所……我将这句台词说了一遍又一遍,说到嗓子干涩仍不放心。舌尖顶住上颚,嘴唇微张,让气填满舌与上颚间的空气……这竟是我最紧张的一次演出;第四幕竟是我最担心的一幕戏。这担心就像是我脑后悬着的沉甸甸的辫子。

所有人都在给我安慰和鼓励,或是一句简单的话语,或是一个手势、一个表情。我忽然意识到了什么,望着眼前剧组的大家。他们有的戴着麦克风而不敢乱说话、有的因为浓妆和戏服压得额头直冒汗、有的在发抖。但他们此刻都看着我,用一种担心中夹杂着期盼的、疲惫中带有着希望的眼神看着我。我忽然有一种归属感,一种荡气回肠的坦然。是啊,我有从小立志到上海创造财富的远大志向、有经商的灵活头脑、更有爱国的赤诚之心……最重要的是,我有眼前的你们,与我共同完成一部大戏的你们,那些个烈日高照里坚持不懈的你们——努力的不光我一个,可敬的也不止我一人!我有叶老师、沙老师,每一个鼓励过我、赞许过我的人的声音犹如清风一般回响。我有……

紧张悄然谢幕,而我即将走上舞台。

(2020届5班 杜雨宸)

本章以"在读书中涵养性灵,在课堂中收获成长,在活动中体验美好"为题,通过大量的学生案例,以切实说明学生综合素养的提升是学校特色课程的最终追求。

学校特色课程的中央应当是学生!

(整理人:潘红星)

第七章 以课程建设成就课程人

面对现代商业素养培育这一全新的课题,作为从事普通教育的教师,需要自觉地加强学习。学习的方式多种多样,其中最为有效的方式是以任务为驱动,在课程开发和实施的过程中学习,正如在游泳中学会游泳一样,以课程成就课程人。教师在提升现代商业素养课程实施能力的过程中,无形中也为学生的全面发展和个性成长提供了更多的平台,从而使得学校的办学理念更好地落地生根。

一、在校史研究中提升课程理解力

学校的现代商业素养培育主要是立足校史上传统文化精神定位的,因此,对校史的研究越深入,对校史的了解越多,越有利于激发教师的灵性和悟性,提升教师现代商业素养特色课程的理解力。

(一) 多方合作,开展校史研究

上海市特级教师、澄衷中学第七届校友会会长张立茂先生在《澄衷校史资料》第一卷(增订本)的序中所言:"一所历史老校,一定有它独特的文化、独特的风格、独特的传统、独特的底蕴,这些就构成了这所学校的本色和长处。一所学校要继续发展,离不开对自己学校历史的继承和借鉴;而要继承和借鉴好前贤的办学智慧,离不开对自己学校历史的认真梳理和深入研究。""根深叶茂。若不知根在哪里,遑论枝叶苗壮。"

为此,学校多方合作,开展校史研究。

首先,学校借助校友会的力量开展校史研究。

张立茂会长领导下的第七届校友会,对学校校史作了挖掘性的整理,他们通过校友从北京大学图书馆、上海市和虹口区档案馆、旧书摊和网上、学校档案室等多种渠道,收集和整理学校校史,除成功设立学校校史馆外,还出版了多本校史著作,对学校发展作出了开创性的贡献。

其次,学校借助虹口教育学会的力量开展校史研究。

虹口教育学会在奚建华老局长的领导下,开展虹口教育史的研究。学校除了参与各校教育简史和教育故事的研究外,虹口教育学会还资助学校开展校史 DV 的摄制和《叶澄衷画传》的撰写。2015 年 3 月,为迎接"上海市依法治校推进会暨虹口现代学校制度建设"现场会,虹口教育学会和虹口教育局还为学校出版了专著《百年澄衷学校章程资料及研究》。

第三,借助本校教师的力量开展校史研究。

继前一个五年规划,学校在职教师领衔参与了以校史研究为主题的区校合作研究项目外,学校在 115 周年校庆之际,重新恢复了《澄衷》杂志,该杂志采用了蔡元培题词,每学期一期,专门设有校史研究栏目,使校史研究常态化开展。

2017 年,学校还引进了兼职开展校史研究的工作人员,确保校史研究后继有人。

第四,借助社会专家的力量开展校史研究。

学校已有的校史研究成果主要集中在解放前,如何把一百多年的校史贯通起来?学校借助校友资源,寻访到了上海社科院马学强教授所率的团队,通过与其合作,未来校史研究成果列入《百年名校 江南文脉》丛书,向 120 周年校庆献礼。

(二) 系统梳理,呈现研究成果

学校已有的校史研究成果有:

一馆:校史陈列馆。作为区爱国主义教育基地,时常接待外省市代表团、各级领导、教育小区兄弟学校学生的参观,给来宾留下了深刻的印象。

一片:《百年澄衷》。学校与教育电视台合作,在校友会的支持下,拍摄的《百年澄衷》,除了在上海教育电视台、虹口有线台播放外,也成了学校帮助新生和家长了解学校很好的宣传片,第一时间让新生和家长对学校有认同感,在广大校友和在校师生及家长中产生了热烈的反响。

一报:《澄衷》。报纸采用胡适题词,从 1985 年恢复开始,一年四期,既有校友会的报道、校史研究的栏目,也有当下学校重大事项的报道,深受校友欢迎。

一刊:《澄衷》。杂志采用蔡元培题词,续刊从 29 期开始,已发行至 37 期,深受在校师生欢迎。

六书:《百年澄衷拾英》、《澄衷校史资料》第一卷(增订本)、《澄衷蒙学堂字课图说》、《百年澄衷学校章程资料及研究》、《叶澄衷画传》、《胡适澄衷学堂日记》。

资料:30余册。张立茂老会长为每册资料作序,分别介绍该册资料主要内容,以便大家借阅和研究。

论文:几十篇。学校教师和领导近几年围绕校史研究发表在各类报纸杂志公众号上的论文有几十篇。

(三) 深度聚焦,讲好澄衷故事

2016年,学校语文教师胡志金与校友会会长、语文特级教师张立茂老师合作,所撰写的《叶澄衷画传》由文汇出版社公开出版。这本书的出版意义非同寻常,可以让在校师生更全面地了解和学习创始人叶公澄衷,在反复研读中去深刻领会学校"现代商业素养"包含的"商之术"、"商之法"、"商之道"的历史渊源和今日内涵,从中带给我们取之不尽的特色课程开发灵感。

讲好叶澄衷的故事

凡新生入学的时候,我们都会向他们讲述那个一百多年前的感人故事:一个在黄浦江上摇舢板的年轻人拾得遗失在自己渡船上的外国乘客的公文包,之后他守候渡口等待失主的认领。他的诚信之举深深打动了那位失主,失主借他一笔资金在苏州河边开设五金商店,这笔资金便开启了这个年轻人在上海滩的商旅生涯,这个拾金不昧的年轻人就是我校的创始人叶澄衷。我们不厌其烦地讲述,就是希望所有的澄衷人能记住这个故事,能从中获得教益,能在血脉中植入诚信的芯片。

近日当我观摩了一个班级以"诚信"为主题的班会时,我发现孩子们对叶公拾金不昧的故事虽耳熟能详,但对叶公诚信之举的理解似有些许的片面。那天的班会是在重述叶公的故事中拉开序幕的,之后学生们又表演了"商鞅立木"的小品。当看到学生把这两个故事相提并论的时候,我就有了一些疑惑,于是我就问学生这两个诚信故事有什么不同?孩子们的回答是,叶公的诚信为他赢得了第一桶金,他才得以走上致富之路;商鞅的诚信为他赢得了政治资本,为他在秦国实行变法提供了保障。孩子们的回答似乎在理,但仔细揣摩一下还是觉得有些偏差。"商鞅立木"是一个经过包装的诚信故事,是政客为达到自己预设的目的而设计的,是一个大大的政治计谋。而叶公的诚信却是一个偶然事件,是叶公发自内心的自觉行为。他不可能料定失主会给他以回报的,他做这件事并不是为了那最终的回报。这两个故事中的主人翁的诚信动机显然很不一样,可见孩子们对叶公故事的理解还是不够深刻的。

近日,当我拜读了张立茂和胡志金两位先生合著的《叶澄衷画传》后,我才幡然醒悟终于找到让孩子们读懂叶公的办法,那就是让孩子们深入阅读叶公的故事。全面解读才是避免肤浅与误读的好办法。

叶公生于1840年,7岁丧父;9岁入私塾读了半年书,因学费不足而辍学;11岁在同村的油坊当学徒;15岁背井离乡来到上海,在杂货店当学徒;18岁三年学徒期满,离店后在黄浦江上摇舢板,贩卖日用品和食品,供应停泊在江上的外轮;22岁创办了中国第一家经营进口五金商品的华资商号"顺记五金洋货店";30岁接盘德商的可炽铁号,专门经营进口煤铁;35岁创办商务学馆,免费招收学员;36岁设新顺记洋货行,经营吃食、船用五金;之后生意越做越大,经营的商品门类也越来越丰富,有煤炭、进口钢材、进口罐装食品、小火轮、房产、火柴厂、缫丝厂、钱庄……1899年病逝于上海,逝世前留下遗嘱,出资创办澄衷蒙学堂。

纵观叶公传奇的一生,你会发现叶公的成功并非偶然,叶公拥有许多普通人所不具备的优良品质。阅读叶公的故事至少可获得以下五方面的教益:第一是叶公一生把诚信作为自己立身之本,诚信为他的经商留下好口碑,为他赢得众多的客户,创造了许多的商机。第二是叶公历经磨难、百折不挠,从11岁开始学徒到22岁进入商界,他经受了许多的辱骂、责难,但他都毫不畏惧,心向未来,努力上进。第三是叶公学习意识强。从未摇过舢板的他,为了获得在杂货店摇舢板卖货的工作,他在洋泾浜暗暗观察别人的摇船动作,然后反复揣摩操练,最终可以自由驾着舢板出入黄浦江,开始在黄浦江上售货营生。为了拓宽业务,与洋人做生意,他拿出一个月的薪水在上海夜馆补习英语"一月通"。白天生意空闲时他会拿出教材边读边记。在与洋人交流时他也特别留意洋人的发音与手势,很快就能讲出一口流利的洋泾浜英语。洋泾浜的英语为他日后拓展与洋人的各种业务创造了条件。第四是他的头脑清醒,思路开阔,善于变通。他密切关注市场行情的变化,根据市场变化,制定商品营销的策略,及时调整经营商品的品种。因此他开创了好几个上海商家第一,第一家经营进口五金商品的华资商号,上海第一家"吃食五金"店。面对客户的需求,叶澄衷以智慧和实力创立了一种"同业拆借"的行业经营模式,即行业内相互调剂货源的方式,这个模式盘活了整个行业的发展。面对上海日益增长的人口、持续上升的地价,精明的叶澄衷先后投入巨资购买大批田产,或建房出租,或坐享土地涨价,从而获得巨大收益。第五是叶公乐善好施、热心公益、回报社会。随着生意做大做强,他的经济实力不断提升,叶公开始回馈社会,心系穷苦急难之人。建怀德堂、设牛痘局、办学馆……济贫问苦,急人所急,倾其所有。浙江、山东、河南、山西等省先后饥荒,他总是带头赈济。清廷以"乐善好施"、"勇于为善"的匾额嘉奖于他。1899年,是他生命的最后一年,他自感生命无多。回想自己家境贫寒,年幼失学,缺少文化,创业时倍感艰辛。逝世前18天,留下不到400字的遗嘱,下定决心创办新式学堂。

"务求妥恰,克垂久远",是叶公对初创学堂托付者的殷殷重托与深情厚望,也是对我们这些后来者的殷切嘱托。让我们铭记叶公的不朽功业和高尚人格,让我们一同讲好叶公的故事。

(阮冬云,上海市澄衷高级中学副校长,地理高级教师)

二、在学科整合中提升课程驾驭力

现代商业素养培育与学科课程有机结合,虽然学校指明了路径,或通过案例,或通过相关知识和技能,或通过共同的价值观,但真正实施起来,考量的是教师两方面的能力,一是对学科教材的理解能力,二是对现代商业素养培育的驾驭能力,两者的结合点恰在"有机"两字,不能不结合,又不可牵强,需要教师的责任意识和使命意识,更需要教师智慧化实施。

现代商业素养培育与拓展课程广泛结合,得到一批教师的鼎力支持,他们或由自己的学科课程生发出现代商业素养拓展课程,或是在外来课程的基础上校本化实施形成现代商业素养拓展课程,或在自学的基础上开发现代商业素养拓展课程。任何一种方式都是值得赞赏的,一定程度上,他们在从事创造性的工作,为学校的特色发展添砖加瓦。

三、在活动设计中提升课程实施力

(一) 在指导学生社团活动中提升现代商业素养课程实施力

学校的社团由专人负责,每一个社团都有指导教师,社团除了常规工作扎实以外,还有自己的特色,如,每年举办一次社团展示活动,每个社团都有自己的公众号,且每个社团都在思考如何融入现代商业素养培育的元素。当他们的创意设计出来的时候,不仅让您有眼前一亮的感觉,而且,也会让您感知社团是培养学生自主能力的极好舞台,学生从社团起步,走向自己广阔的人生舞台。

追逐绘画梦想的女孩
——记美术应用社副社长吴怡蕾

吴怡蕾,我校高二(6)班学生,曾担任美术应用社的副社长,是学校数一数二的绘画小能手。笔者第一次看到她的画作,就被她绘画里所散发出的"自由、孤寂"的气息所吸引,她的绘画作品中没有"写实"和"模仿",更多的是给我们描绘了一个令人向往的"精神世界",彰显了中学生少有的独创性和艺术特质,令每一个看过她作品的人,都被其吸引。

吴怡蕾同学是怎样成长为一个"文艺青年"的,又是如何将"绘画"作为自己理解生活的方式的呢?带着这样的疑惑,笔者对吴怡蕾进行了一次专访,试图还原这位普通澄衷学子"不平凡"的一面。

问题1:你从何时开始爱上绘画的?

在很小的时候,从我的外婆为我画第一张肖像画开始,我便深深被绘画所吸引,随后参加了素描兴趣班,在逐渐深入学习的七年中爱上了绘画。

问题2:画画方面,你有特别崇拜的人和作品吗?

最崇拜的画家是诺曼·洛克威尔,我最喜欢的作品是他1957年创作的《舞会之后》,很喜欢他画中的真实性,可以在他的画中自由想象。他画了许多平凡人的面孔,许多的想象和主观愿望都被赋予在他的画中。与此同时,我崇拜每一位用自己的方式诠释艺术的人,向他们致敬。

问题3：进入澄衷以后，你选择加入美术应用社，这一经历对你的绘画兴趣有影响吗？

有的。我结识了一位非常优秀的美术老师，也认识了许多志同道合的朋友，他们给了我许多建议和鼓励，让我能感受到在绘画这条路上并不是孤身一人，我的周围有那么多同样对绘画充满热情的人，这对我无疑是一种激励，同时，他们的建议给了我许多灵感，教会我从不同的角度去看待绘画，这对我有很大帮助。

问题4：你在社团中，最大的收获是什么？

我在社团中明确了自己的位置，充分激发自己的潜能，积极迎接活动开展中的诸多挑战。同时，当我们确立了一个目标的时候，社团里的每一成员都尽自己所能向着目标进发，这是最让我感动的地方，也是我最大的收获。

问题5：你觉得自己的绘画理念是什么？它对你的学习生活有何影响？

绘画的起源来自于生活，与其空想，不如多看、多听、多尝试，一些平凡的人或物加上一些自己的创意便可能给看的人带来共鸣。能够形成自己独特的风格，也算是我绘画旅程中的一件幸事。

因为绘画，我对知识有了新的认识。知识不再是平面的，它可以在我的脑海里变得立体而充实，这提高了理解的深度与质量。

问题6：在澄衷的两年中，有遇到过什么印象深刻的事情吗？

一是澄衷115周年的校庆，生动地回应了那句"光阴荏苒，沐百年风雨；春华秋实，谱盛世华章"。让我感受到澄衷深厚的文化底蕴，我庆幸能来到澄衷。

二是社团节，我作为社团干事全程参与了今年社团节的策划，但由于缺乏经验，导致在活动过程中出现不少问题。但在老师和同学们的帮助下这些问题都一一得到解决。这是我第一次参与大型活动的策划，让我感受到举行一次成功的活动并不是一件容易的事情。

问题7：你对今后的绘画有什么打算吗？

我想让绘画从爱好转变为专业，从专业转变为职业，将艺术融入我的生活。希望以后能成为一名美术老师，将自己绘画的经验传授给更多热爱绘画的人。

问题8：请你对《澄衷》的读者说一句话吧！

认清明天的去向，不忘昨天的来处。

笔者后记：

澄衷高级中学作为一所百年老校，一个多世纪以来，在艺术教育的领域先后培养了陆俨少、钱君匋等一代国画、金石艺术大师,当代艺术家上海海派书画会会长齐铁偕、上海师范大学美院教授姚尔畅、资深艺术家张卫平等人也先后从澄衷开启了他们艺术的航程,可见,澄衷是有非常浓郁的艺术气质的,而这也感染和鼓励了一代代澄衷人,在艺术的海洋里,不断耕耘创作,逐渐挖掘自己的潜力,形成自己的艺术风格,实现对"美"的追求。今后随着我校社团艺术活动的开展,我们一定会在未来,培养出更多为世人所熟知的艺术家的。"艺术梦想,澄衷起航",未来,一定会更好!

(周园臻,上海市澄衷高级中学社团负责人,思想政治教师)

(二) 在开展校史教育活动中提升现代商业素养课程实施力

诚信是学校办学的立根之魂,立命之本。学校围绕诚信教育,除了校内组织开展丰富多彩的活动外,正与立信会计金融学院牵手,希望加入立信会计金融学院的"诚信联盟";邓敏老师正在设计课程,即将在上海市名校慕课平台上推送慕课;学校正在谋划成立中学诚信文化研究中心,结合时代要求,围绕学生们的学习生活,让诚信教育开出更美的花朵。

"诚信"的设计与实施

一、课程开发背景

诚信是中华民族的传统美德,是公民道德规范的基本要求。党的十九大明确指出,把社会主义核心价值观融入社会发展各方面,转化为人们的情感认同和行为习惯。要推进诚信建设,强化社会责任意识、规则意识。

学校创始人叶澄衷先生以诚信起家,享有"做人当如叶澄衷"的美誉。"持诚求真"是我校校训。

为了强化高中生的"诚信"意识,提升道德修养,将"持诚求真"的校训发扬光大,我开发了"诚信"主题活动课程。

二、课程目标

(一) 学生通过校史教育和法制教育认识诚信的本质和内涵,理清诚信与道德、诚信与成才的关系,懂得个人诚信、家庭诚信和社会诚信的重要性。

（二）学生通过校史教育和法治教育认同"讲诚信光荣,不讲诚信可耻;讲诚信得益,不讲诚信受损",自觉做好个人网络诚信,做一个诚实守信的新时代网民,并以自己的努力推进校园诚信文化建设。

三、课程内容

本课程从三个模块展开:

一是校史中的诚信。学生通过研读《百年澄衷拾英》、《持诚求真》、《澄衷校史资料》、《叶澄衷画传》和《商道酬勤》等校本教材,参观宁波帮博物馆、叶氏义庄等,讲诚信故事、演诚信戏剧等活动,认识校史中的"诚信"。

二是生活中的诚信。学生通过问卷调查和现场访谈等方式了解社会、家庭和校园诚信的现状,通过订立班级诚信公约、评选诚信行为等诚信"四个一"活动,进一步认识生活中的"诚信"。

三是实践中的诚信。以综合素质评价为平台,学生在多样的实践活动中体会"诚信"的重要性,并以"诚信"指导自己的行动;争做"诚信、诚实、诚朴"家庭建设的倡导者和实践者。

"诚信"课程的基本框架

主题	课题（课时）	主 要 内 容	积分	年级
校史中的诚信	叶澄衷的诚信故事	新生在入学校史教育中,倾听叶公拾金不昧的故事。	1	高一
		讲诚信故事,演诚信戏剧。	1	高二
	"持诚求真"校训的由来	研读《百年澄衷拾英》和《持诚求真》等校本教材,走进校史馆、图书馆探索澄衷校训的由来。	1	高一
	校友的诚信精神	研读《商道酬勤》校本教材。	1	高一
		开展"追寻校友足迹"的研学实践活动。	1	高一　高二
		参加香港研学活动,与李达三博士面对面,探索校友的成长足迹。	1	高二

续 表

主题	课题(课时)	主要内容	积分	年级
生活中的诚信	诚信内涵的解读	开展"社会诚信/网络诚信"的问卷调查和访谈。	2	高二
		探讨家庭、校园中的诚信和不诚信行为;出版一期诚信黑板报;拟定一份班级诚信公约;参加诚信承诺签名活动。	1	高一 高二
	诚信案例研讨	参加诚信主题演讲比赛。	1	高一 高二
		聆听"社会主义核心价值观"等方面的主题讲座。	1	高一 高二
	"诚信之星"评选	参加班级"诚信之星"评选活动。	1(+1)	高一 高二
实践中的诚信	学业诚信	学习中学生日常行为规范。	1(每学期)	高一 高二 高三
	学术诚信	学习论文写作规范。	1	高三
	职场诚信	参加职场体验活动。	2	高一 高二

四、课程实施

(一)课程对象:全体学生;

(二)课时计划:每周一课时,每课时40分钟,共8课时(暑期实践课时另计);

(三)设备要求:校史馆、多媒体教室、班级教室;

(四)校本教材:自编校本教材;

(五)教学策略:

鼓励学生在体验中观察现象,获得信息,并在此基础上进行总结,碰撞思维、交流情感,从而提高能力、培育素养。

1. 培养学生发现问题和解决问题的能力。指导学生开展问卷调查、校园访谈等实践活动,鼓励学生在体验的基础上进行梳理、总结,进而发现问题、解决问题。

2. 培养学生综合能力。鼓励学生通过组织活动提高活动策划、组织协调等能力;通过演讲提高语言表达、应变等能力。

3. 锻炼学生的意志品质。学生在获得信息、发现问题、解决问题等活动中,将"诚信"内化于心,并学会迎难而上,使意志变得坚强,品质更优秀。

五、课程评价

为学生建立个人诚信档案及评价手册,以积分的方式落实过程评价。

(一)评价原则:评价以激励、自主为主,强调过程性评价。

(二)评价内容:建立学生诚信档案,以积分的方式全程记录和综合评价,包括学生参与活动过程中的组织能力、合作能力、研究能力、领导能力,还包括学生在过程中参与度和投入度等。

(三)评价方式:

1. 自我评价:学生根据评价量表进行自我评价。

2. 互评或他评:活动小组组员进行互评,或班级活动组织者对学生在活动中的表现进行他评。

3. 教师评价:教师针对学生参加每次活动的总体情况进行分项目评价。

六、课程反思

"诚信教育"主题活动课程,旨在引导学生在一个个活动、一次次亲身体验中感悟、提升,这既是学生个体的成长,也是学校构建"诚信"校园文化的过程。在活动中,学生既认真思考和学习澄衷前辈的高贵品质,也积极面对今日社会的现状,而这些都将成为我们继续出发的动力。

(邓敏,上海市澄衷高级中学学生团委书记,生物教师)

(三) 在指导社会实践活动中提升现代商业素养课程实施力

随着高考综合素质评价的推进,志愿者服务活动受到了空前的重视,市教委的文件中明确要求每名高中生必须完成志愿服务 60 学时(40 小时),而且成立了校外联统筹管理,建立了博雅网对服务过程和服务基地进行规范管理。

面对新的要求,学校的志愿者服务活动在学生处的统一管理下,全体学生均为博雅网上注册志愿者,积极参加各级注册志愿基地的活动,并邀请校内外导师共同参与志愿者的管理和指导工作。目前与学校签约的市区基地就有如星乐汇、四大纪念馆、体育博物馆、学雷锋小记者站等十几家。志愿服务的内容多样,包括环保宣传与实践,公益集市献爱心,职业体验促发展,科技体育求进步,文化交流拓视野等。

特别难能可贵的是,学校在社会实践特色活动的设计中,与时俱进,融入现代商业素养培育的内容。除了开设与现代商业素养培育密切相关的研学旅游外,还充分地利用地域资源,在常规的志愿者服务中融入现代商业素养培育的内容。

"星光闪烁、梦圆敦煌"公益爱心集市活动

通过以志愿者参加星乐汇商业街所举办的爱心义卖集市公益活动,培养学生的商业意识,社会责任感,以自己的行动向敦煌地区的贫困孩子奉献一份爱心。在参与义卖的活动中,加强班级合作,增强人际交往的沟通能力,在繁忙的学习之余,投身社会实践,增强公民意识。

1. 活动时间:2016年5月28日
2. 活动地点:星乐汇商业街
3. 参加人员:高一年级全体学生及高二部分学生
4. 活动内容:

通过爱心义卖的形式为甘肃敦煌地区的贫困学生募集善款。周末利用星乐汇商业街的场地和地理位置,以班级为单位,先由学生自愿捐赠物品,物品应为自己闲置的学习用品、书籍、生活用品等,然后自行定价,进行物品的统计和整理。义卖开始前先由学校、班级进行宣传,激发学生的参与热情,义卖结束后进行评比,义卖金额最高的几名学生还有机会前往甘肃。

活动当日,教师陪同前往,由商场工作人员进行场地划分,分发桌椅、募捐箱等义卖工具,然后讲解活动要求。学生自主设计展台、物品的摆放、义卖策略等。教师不参与,活动全程由学生主导。活动时间是三个小时,时间有限,所以更要学生有想法,有行动。活动结束后统计义卖数量和金额,赠予小盆栽给每一名参与的学生。

此次活动的学生参与度较高涉及面也较广,义卖的金额不是最终目标,希望同学们能从此次的志愿者服务中获得更多的体验,体会帮助他人回报社会的快乐,未来能持续关注并参与社会公益活动,为社会奉献自己的爱心,尽自己最大的能力来帮助身边需要帮助的人。

5. 效果反馈

此次活动的时间虽然只有短短的三小时,而且又由于下着大雨,商业街内来往的行人并不多。但我们的学生却十分的投入。他们有的自发带了小音箱,进行歌曲的播放,烘托气氛;有的设计了买一送一的促销方式;还有的采用抽奖等形式,可谓十八般武艺齐上阵,创意十足。平时较为懒散的学生,在整个氛围的带动下,也参与了进来,此次活动可谓"全班总动员"。通过义卖,学生彻底明白了许多学习中学不到的东西:生活是不易的;许多事看上去很容易,操作起来却是难度很大的;和陌生人打交道真的很难……以上都是学生的真实感受。教育不该只是平面的,在活动中,在情境中,做中学的效果才是最好的。参与集体活动,可能募集的善款并不多,许多商品并没有售出,但和同伴在一起的经历确是弥足珍贵的,班级的凝聚力也得以增强。同伴之间也加深了了解,许多学生都盼望这样的活动可以多一些。当然有的学生还很羞涩,在面对这样的一个环境时,有些手足无措,需要社会和学校一起形成合力,去给学生创设这样的一些平台和机会,让学生适时地走出去,在社会实践中成长起来。

(陆巍,上海市澄衷高级中学学生处副主任,英语高级教师)

(四) 在设计生涯规划课程中提升现代商业素养课程实施力

学校充分利用优秀校友资源和复旦管理学院、立信会计金融学院优秀学子的资源,担任学生的校外导师,聘请学校优秀的骨干教师担任学生的校内导师,"双导"逐渐成为学校生涯规划的品牌,在市级评比中多次获奖。

学校不断丰富"双导"的内涵,在"双导"中融入现代商业素养培育的内容。如,我们以优秀校友的企业为依托,成立学生校外实践基地;聘请高校优秀学生担任学生公司的指导教师,指导学生创新产品的设计,模拟公司的运作;邀请部分学生家长担任校外导师,甚至鼓励少数学生担任同伴导师等。

为青春导航
——"梦创"高中生生涯导航之导师指导体验分享

在高考改革背景下,高中各校全面开展了高中生生涯规划指导。我校在上学期启动了"梦创"高中生生涯导航计划,建立校内和校外的学习生涯和职业生涯的"双导师",通过双向选择,为每一个澄衷学子提供校内学习生涯为主、校外职业生涯为主的导航计划。

接到这个任务时,我的心里是忐忑不安的,我一直在想,作为普通教师的我一直关爱我的学生,那多了校内导师这个身份,我还能为所指导的学生提供些什么帮助呢?

不久,学生就拿着一本"梦创"高中生生涯导航记录册来找我,说让我填写导师寄语。我认真地翻阅了这本记录册,这才对于所要做的事有了些初步的概念。在这本记录册里有学生的个人心理测试评估表及"卡特尔十六种人格因素测验"个人测评报告。我觉得这个测评不仅帮助学生认识自我,还能帮助导师更好地多方位、多角度去认识学生,与学生进行沟通。比如说有一个学生在聪慧性方面得分不高,分析明确指出"被测试者的聪慧水平比较低,思维能力比较差,这可能会有碍于被测试者获取知识、解决工作和生活中遇到的各种问题"。这也说明了该生为什么成绩不佳,可能平时老师、家长都会认为是不用功造成的,我在想是否他的不用功也是掩饰聪慧程度不够的一种逃避法呢?(我们是否可以利用这本册子与家长也有个很实际有效的沟通呢?)认真地了解了每名同学后,针对每个学生的性格特点为他们写下导师寄语,并与每名同学进行了面谈交流,侧重点为学习习惯、学习方法、学习时间分配、自我的心理疏导等。

假期中收到学生求助的微信,想请我与他们同去拜访校外导师,他们觉得和校外导师没有任何交集,不知该谈些什么,会很拘谨。我欣然答应了。在群里看学生们毫无章法地讨论拜访时间时,我给了他们一些指导。告知他们应该先与导师取得联系,看他什么时间方便,再调整他们各自的作息。去的时候带好记录册,务必准时。

到了约定时间,除一名同学没确定是否出席,均提前抵达。进了公司和导师碰头后,先让他们自我介绍,然后请导师与他们一对一交流,因为校外导师不了解学生,也没事先看过记录册,所以在交流的过程中我适时地为导师介绍该生的基本情况,再让学生向导师提问自己在学习,专业选择方面的困惑,导师一一耐心回答,气氛相当融洽。我则在旁辅导学生如何及时填写好沟通记录表。

感触最深的是当迟到的H同学在与导师交流时,导师指出她性格过于内向,不利于将来的择业,H同学则低头,但有些不认同的表情。这时我将平时观察到的这名同学的家庭情况简要地进行了说明,该生其实个性还是可以的,但是她有个非常强势的父亲,学生夹在父亲与学科老师中间很无奈,时间久了,压抑了自己的本性。在我介绍完之后,该生明显放开了,与导师互动良好,把自己的苦闷都讲了出来。导师也给了她一些可行性建议。

之后导师还主动邀请学生们去参观他们公司的高精实验室,请实验室主管介绍各种先进高端的仪器,让学生们自己动手去试一试电子显微镜的调试,进行各种护肤品的体验等。最后导师还请学生共进午餐,不知不觉半天的走访活动就结束了,此行让学生们收获颇丰。

在这些指导的体验的过程中我自己也学到了不少。明确了作为校内导师不仅要在学业上辅导好所带教的学生,也要在他们与校外导师沟通的过程中起好桥梁的作用。

(钱红叶,上海市澄衷高级中学英语教研组长,高级教师)

(五) 在指导学生研究性学习活动中提升现代商业素养课程实施力

学校有专门的研究性学习备课组,由杭文韬老师任组长。近几年也形成了相对稳定的教师队伍,由杭文韬、吕艳、冷红兰、周围、苏展和陈佳阳每人负责一个班级学生研究性课题的指导。指导教师定期参加外请专家的培训,不断地提升指导能力。学生选题全部围绕现代商业素养培育主题。

指导学生研究性课题的实施

上海市澄衷高级中学是一所具有近120年历史的老校。在"科教兴国"战略的指引下,不断继承优良传统,不断进行改革探索,不断谋求创新发展,确定了以"现代商业素养培育"为特色的发展规划,以促进学校的可持续发展。因此在高中的研究性课程中,以"现代商业素养培育"为背景,对研究性课程的开展进行了探索。

澄衷高级中学的创办人叶澄衷,建校办学以"商科"为特色,这是澄衷中学的传统。如今在学生对研究性课题的选择阶段,任课教师也是围绕着现代商业素养的培育来指导。学生们对社会上各种经济现象、商业行为产生了浓厚的兴趣与关注。有同学研究叶澄衷经商经历与北外滩航运业发展的联系;有同学对航空公司超售营销进行研究;有同学对瑞虹"月亮湾"的音乐商业进行探究;有同学对自己爱喝的"一点点"奶茶的营销策略进行调查;也有同学研究新能源汽车的现状;还有很多同学对自己喜爱的汤姆熊、王者荣耀、阴阳师等游戏进行调查研究……学生在经过认真调查后,大胆提出了自己的设想与展望,其中不乏创新之精神的体现!有同学在研究共享单车的商业模式后,提出共享滑板商业模式的大胆设想。老师能做的是为同学们展示更宽广的视角,为同学们搭建更大的平台,为同学们创造更多的机遇,最后还会将一些学生的研究课题投稿给相关企业,深化联系。希望能实现取之社会,用之社会!

下面是指导学生完成研究报告的具体过程:

开学伊始,我们在学校大礼堂开了多次讲座,对学生进行统一指导。

第一个讲座内容是学生学写研究性课题的重要性,以及研究性课题完成的计划要求和各个时间节点。主要是杭文韬老师主讲3课时。

第二个讲座内容是关于如何写研究报告的。分别由三位老师主讲三方面内容:

1. 由陈佳阳老师主讲1课时《研究报告如何选题》。
2. 由吕艳老师主讲2课时《研究报告如何编写调查问卷》。
3. 由周围老师主讲1课时《研究报告正文部分的写作要求》。

第三个讲座内容是研究素材的介绍。是由潘红星校长联系上海海事大学教授、上海国际航运研究中心副秘书长张婕姝给学生开了个航运虹口发展历程讲座。学生听讲比我想象的要认真,感兴趣。也激发了一些学生将澄衷高级中学的创办人叶澄衷与航运虹口相联系,作为他们的研究课题,并对研究内容有了初步的感性认识。

在进行了系统的集体讲座指导后,进入以班为单位的个别指导阶段。恰在那时候,潘红星校长推荐了一篇《大学生对红宝石蛋糕房的研究》给学生学习参考。在课上,我们对这篇研究报告进行了详细的介绍、分析、启发。班中金千惠同学小组做的是"对上海奶茶铺"的调查研究,在学习了《大学生对红宝石蛋糕房的研究》后受益匪浅,马上拟定出一个对三种品牌的奶茶铺的比较研究方案。

我指导的班级总共有七个课题,从修改题目,拟定研究计划,再到编写调查问卷,最后修改成文。一步步地指导学生提出问题,思考问题,研究问题。

期间潘红星校长请了黄浦区课程中心主任韩立芬专家来校,指导学生如何写好自己的课题。我觉得学校为同学做了多少,学生们是感觉得出来的,同学们的认真劲儿也越来越大。"月亮湾"课题组的陆晶莹等同学上午与韩老师交流好,下午又跑去找韩老师问问题。"共享单车"课题组的郑博泓同学本来没有被推荐与专家交流,下午郑同学也主动找专家请教自己课题中的问题。

为了研究做得更细致,同时又最大限度地不影响学业,原本高一学期末六月底要交的研究报告延迟到开学九月份再交稿,暑假里指导老师继续指导帮助同学完成课题。

下面是"音乐商业对'月亮湾'经济效益的影响——对瑞虹天地'月亮湾'商业特色运作模式的调查研究"课题组的具体指导过程。

一、确定研究题目

一开始该课题组同学思考论文题目的时候,想写一些别出心裁的内容,因为这是她们第一次写研究报告,非常想在高中的生活中留下一个有意义的纪念。我给她们的建议是选择有关于商业的题材,并且想一想平日生活中她们喜欢什么,最后因为她们都非常喜欢音乐,所以她们就想把音乐和商场联系在一起。于是想到了学校附近有开了不久的"月亮湾",设计就是以音乐为特色,从而该课题组决定试一下这个研究题材。

二、确定研究思路

在论文题目定下来之后,我要求她们拟定研究计划,构建研究框架,制定开题报告,并确定了研究背景,研究目标和意义以及最终的研究问题:1. 当代,人们越来越注重生活品质,用"音乐商业"模式的商场越来越多。那么月亮湾的"音乐商业"有什么不同?2. 月亮湾用这种商业模式带来了什么样的影响和经济效益?学生将要完成的事项有:1. 进行实地考察,对月亮湾有了一个大致的了解。2. 设计调查问卷,在网上和月亮湾实地散发。3. 为了更深刻地进行研究,联系月亮湾设计师进行访谈。4. 在他的介绍下,联系"弹指之间"和"摩登天空"的店长进行访谈。5. 对访谈和调查问卷进行分析。6. 做总结,并且提出建议,完成研究课题。

三、实施研究

在实施过程中,该小组主要遇到三个困难:

1. 对访谈无从入手,不知道要问些什么。为此她们在访谈前打电话给我寻求帮助,我为她们拟定了几个主要问题,然后告诉她们就像聊天一样,不用紧张。提示她们可以征求设计师同意后,准备手机录音,并且留联系电话,以备之后有问题可以再问,更强调了访谈时的礼貌。

2. 实施过程中的组内分歧。原先她们计划暑假一起实地考察,做调查问卷,然后一起分析,完成论文,可是暑假一到,有的同学要在机构补课,有的同学外出游玩,反而很难有共同的时间。另外有的组员觉得没有必要采访设计师,导致意见分歧,所以拒绝配合小组活动。这种情况下,我先批评了部分不认真不团结的组员,同时讲了分工合作的重要性,以及组长的管理组织责任,终于渡过难关,最后顺利完成论文。

3. 做调查问卷的困难。该组在月亮湾内发放调查问卷,和她们担心的一样,开始没什么人愿意停下来配合她们做这个调查问卷,不断被拒绝,所以导致非常泄气。我告诉她们被拒绝是必然的。但是只要坚持下去,肯定会遇到配合的顾客的,如果她们扭扭捏捏的,顾客更会嫌烦不愿意配合了。她们之后越来越大胆、放松,自然也遇到很多亲切的路人,愿意停下认真填写问卷,连开放性的问答题都写一两行,这给了她们鼓励和信心。

从这次写研究报告的体验中,她们也收获很多。从最初的无从下手,到一步步去实践,去调查,最后将论文完成。她们学到的不仅仅只是团队合作,更多的是如何去将一件事一起完成,而不是将希望寄托在一个人的身上。同时明白要把该做的事做在前面,先苦后甜,而不是想着把事情一拖再拖。除此之外,她们也明白不要把一个人付出的多少看得太重,作为一个团队,应该注重整体而不是个人利益。

在学生完成研究报告之后,我们积极为学生搭建更广阔的舞台。我将几篇研究报告邮寄给相关单位和企业,寻找机会与单位和企业合作,继续进行更深入的研究。另外积极找机会推送学生的研究成果,将学生好的研究成果送到市里展示。郑博泓等研究报告"共享单车现实与未来的商业模式"被送"第九届全国中学生领导力展示会"参加评选,并荣获优秀项目二等奖。陆晶莹等研究报告"音乐商业对'月亮湾'经济效益的影响——对瑞虹天地'月亮湾'商业特色运作模式的调查研究"被送到"'未来杯'上海市高中阶段社会实践大赛"参加评选。

研究性学习有利于创新人才的培养;有利于学生素质的全面提高;在研究性学习的过程中更能培养学生实事求是的科学精神和科学态度。未来的社会需要具有高素质的人文素养、科学素养和商业素养人才,我们研究性课程的任课老师任重而道远,必将为此而努力。

(杭文韬,上海市澄衷高级中学研究课备课组长,数学高级教师)

(六) 在举办特色创新活动中提升现代商业素养课程实施力

学校开展以"现代商业素养培育"为主题的特色创建工作,除了要有清晰的学校课程结构,形成特色课程群以外,还需要打造与之相配套的特色创新活动课程。目前,学校把"诚信教育"、"理财大赛"、"商业嘉年华"、"天下之利"等作为学校的特色创新课程,并不断地丰富其内涵,通过向家长、其他学校、社会开放,力争使其成为学校有影响力的特色品牌。

虹口区"澄衷杯"高中生金融理财大赛方案

2012 年开始,国际学生评估项目 PISA 测试开始将财经素养列入测试项目,与阅读、数学和科学并列作为学生的一项竞争力指标。为进一步提升高中学生的金融理财知识与技能,帮助学生尽早开始进行理财规划与人生规划,从而成长为能面对未来全球竞争的高素质人才,虹口区教育局拟在全区高中职校学生中开展"'澄衷杯'高中生金融理财大赛"。大赛将在复旦大学管理学院和国际公益组织 JA 提供专业指导下,由上海市澄衷高级中学承办,旨在激发高中生对金融理财知识与技能的学习热情,培养学生确定目标、拟定预算、管理信用和风险投资等事项,并为高中生提供一个共同学习和相互交流的平台。

一、活动时间:2017 年 3 月—2017 年 5 月

二、比赛地点:上海市澄衷高级中学

三、参赛对象:虹口区各高中、职校学生

四、主办单位:虹口区教育局

　　承办单位:上海市澄衷高级中学

　　指导单位:复旦大学管理学院、JA 中国

五、相关安排

(一) 赛前准备

1. 前期推进及报名

2017 年 4 月初,发布虹口区"澄衷杯"高中生金融理财大赛方案。每校完成参赛队伍的组建,可报名一支参赛队伍,每支队伍 4 人。

2. 赛前准备

（1）评委全部邀请高校或企业高管担任；

（2）比赛试题及规则将邀请专业团队设计；

（3）现场工作人员将由各校志愿者担任，通过博雅网发布岗位；所有参赛学生及工作人员均将给予学时认证；

（4）赛前工作人员培训、场地准备、资料准备、奖品准备等。

3. 大赛 logo 征集

面向全区征集此次比赛 logo，作品数量不限。作品请于 2017 年 5 月 12 日前交大赛组委会。经评选确认后于比赛当天公布。

（二）培训及赛题发布

1. 时间和地点：2017 年 4 月 28 日周五 14:00—16:30；澄衷高级中学李达三楼

2. 流程：

（1）金融理财专家关于"金融理财产品设计"作赛前培训；

（2）各参赛队伍抽签确定"金融理财产品设计"题目；

3. 2017 年 5 月 11 日前完成产品/服务设计，提交 PPT 和产品说明书给大赛组委会

（三）比赛及流程

1. 时间：2017 年 5 月 12 日周五下午

2. 流程：

13:00—13:30   签到

13:30—13:50   开幕式、领导讲话

13:50—14:20   金融知识竞赛

14:20—15:50   大赛开场，大赛 logo 发布；产品/服务展示（每队限时 5 分钟）

15:50—16:00   休息、评委讨论

16:00—16:30   评委点评、颁奖

（四）注意事项

1. 金融知识竞答环节严禁使用手机、电脑等设备，开赛前交由带队老师保管；

2. 现场服从工作人员的统一安排，不擅自离开比赛和备赛区域。

3. 相关资料可登录网站 http://money.jachina.org（理财青年网站），进行注册学

习和自测。

六、奖项设置说明及经费保障

1. 奖项设置：决赛中金融知识竞答和金融产品设计两个环节均设置团队一、二、三等奖各一名；获奖团队中的每名学生均获得相应证书一张。参赛学生均可获得大赛证书一张。

2. 参赛同学均将获得大赛纪念徽章一枚，获奖同学将获得相应奖品。

3. 相关会务用品及奖品所涉及的经费均由承办单位承担。

虹口区"澄衷杯"高中生金融理财大赛组委会
2017 年 3 月

（徐雪君，上海市澄衷高级中学副校长，生物高级教师）

以美育人，以文化人

9 月 3 日，由上海市教育发展基金会英盛教育基金、上海市澄衷高级中学主办，上海梦陶艺术剧社创排演出的大型原创历史话剧《天下之利》在复兴高级中学来歌堂隆重首演。1 000 余位社会各界人士、校友、家长代表和师生观看了演出。十届市政协副主席、上海市教育发展基金会理事长王荣华，市委宣传部副部长胡劲军，上海文广新闻传媒集团监事长滕俊杰，市教育发展基金会常务副理事长王奇，虹口区委宣传部副部长赵明、虹口区教育局局长蔡正茂，虹口区教育局副局长孙磊，上海市作家协会部分作家出席首演式，演出获得巨大成功。

十届市政协副主席、市教育发展基会理事长王荣华为《天下之利》题词：聚财、汇智、促善、育人。上海市教育学会会长尹后庆题写了剧名。

作家叶良骏怀着虔诚之心，以严谨的态度，历时两年，十易其稿，创作了弘扬海派文化、江南文化的历史话剧《天下之利》。导演殷超斌。首场演出的演员全部由澄衷高级中学高一高二 34 名学生担任。

《上海教育电视台》、《东方艺术人文频道》、《上观新闻》、《上海支部生活》、《鲜知先觉》、《上海教育》、《教师博雅网》、《上海中学生报》和《青年报》等媒体都对《天下之利》的成功演出予以报道。

一、纪念创始人叶澄衷

学校创排《天下之利》,首先是为了纪念学校创始人叶澄衷。1900年,遵照叶公澄衷"兴天下之利,莫大于兴学"的遗愿,创办我国最早以班级授课制的新式学堂"澄衷蒙学堂"。

在学校早期校史上,每年4月16日是学校校庆日,历任校长在那天都会发表对创始人叶公的纪念文章。如,第11任校长吴友孝于1935年校庆之际曾亲自撰文《我们该怎样纪念澄衷先生》,提出"我们只有认识澄衷先生,才配纪念澄衷先生"。

全剧通过对叶澄衷先生三个片断的选取和创编,让全体澄衷学生明白今天受教育的珍贵——由于伙计的孩子缺少科学常识,将受潮火油桶放在太阳底下曝晒,差点酿成大的火灾,叶澄衷认识到只有知识才能改变人的命运,便有了办学堂的设想;母亲洪氏60大寿,在喜庆气氛中,管家秦师傅之子因毒瘾发作来要钱救命,叶澄衷自责不是吃饱穿暖才是幸福,只有精神强健,才能抵御腐朽东西的侵蚀;法国租界当局明火执仗要拆毁四明公所,制造了血案。叶澄衷喊出"不以寸土尺地让人",但赤手空拳又如何抵挡住枪炮子弹?宁波同乡死伤30余人。法国人的枪声惊醒了他,他终于大彻大悟:中国之积弱由于积贫,积贫由于无知,无知由于不学。只有教育才能兴国!喊出"兴天下之利,莫大于兴学",将全剧推向高潮。全体澄衷学生在演剧和观剧的过程中,领会叶公澄衷创办澄衷蒙学堂的初衷。饮水思源,我们不能忘记叶公澄衷的兴学伟业!

二、传承学校美育传统

澄衷的美育有百年传承。蔡元培作为校史上的第二任校长,他提出:"美育者,应用美学之理论于教育,以陶养感情为目的者也。"他主张美育可以陶冶学生的心灵。百年办学,学校培养了许许多多的艺术人才,如,陆俨少、吴一峰、徐桑楚、袁牧之、陈鲤庭、张戈等,这些艺术家在自传中都无一例外地说,自己的艺术梦是在澄衷萌芽的。

2016年10月,3位70届和72届校友齐铁偕、张卫平、姚尔畅在母校举办"澄源衷情,同窗异景"校友联袂画展,他们走进澄衷,开画展,做讲座,让孩子们受到艺术的浸润,在社会上产生良好反响。

学校也曾邀请上海著名书法家、64届校友陈贤德等多人来校讲座,让学生零距离地接受艺术的熏陶,开拓学生的视野。

本学期开学第一课,澄衷学生演出反映自己学校历史的原创剧《天下之利》,这是对学校百年美育的传承,也是当下戏剧进校园的澄衷模式。

三、创新学校德育方式

在深化教育改革的背景下,虹口教育局开展了"戏剧进校园"项目,过去的三年中,全区高中学生参与排练了三部剧,分别是《东方之舟》《赤子之心》《黎明之前》,在这三部剧中,澄衷学生都有非凡的表现。

第一年,徐丽婷等四名同学参与了表演,有三名同学荣获优秀演员奖,其中徐丽婷同学扮演了女主角哈娜,在全区校园长、书记例会上代表全体演员谈感想,目前,该同学已被浙江传媒大学录取,志愿终身从事传媒工作。

第二年,高瑞杰、谭博文、奚怡雯、高云卿、焦方文等五名同学参与了表演,其中高瑞杰同学主演殷夫,表现突出,被评为全国最美中学生,上海广播电台现场采访,中学生报头版报道,目前,该同学已被上海师范大学谢晋学院录取。

第三年,杜雨宸、孙艳、李远、熊佳怡、陈天天、徐哲宁、戴洁、韩月、郭雨芊、吴上犇、岳英俊、秦宇飞、赵真、张馨文等15名同学参与了表演,《文汇报》作了图片报道。今年8月31日,杜雨宸同学根据上述几部剧所创作的全国首套高中生红色明信片举行了首发式,《新民晚报》已陆续分期刊登其作品。

今年,《天下之利》全部演员由澄衷高级中学高一、高二34名同学担任,场记、道具服装管理、排演统筹、宣传,及部分道具制作,也由学生在专业人士的指导下完成。在为时一个月的排演过程中,学生的表达能力、沟通能力、合作能力、责任意识等都得到了培养,每一名学生在参与《天下之利》的过程中都得到了成长,提升了综合素质,可以这样说:这是学校德育创新的有效方式。

四、融入学校特色元素

学校的创始人叶澄衷是清末著名的企业家。他靠诚信打下了生意基础,先做贸易,再办实业,后进金融,经营范围广布于五金、煤油、机器、钢铁、洋烛、罐头食品、火柴、钱庄、运输等领域,因此,他被公推为宁波帮的先驱。

《天下之利》共6幕,向大家展现了叶公由一名舢板少年成为商业巨子的波澜壮阔的一生,特别聚焦叶公身上的闪光品质:待人处世,他诚朴守信、宽厚仁和;对待长辈,他敬重孝顺、无微不至；创业经商，他纵横捭阖、外圆内方；直面邪恶，他正义凛然、奋力抵御；面对孤寡，他慷慨解囊、乐善好施。学生在演剧的过程中，细细体会叶公作为一名成功商人所具备的优秀品质，巧妙地将学校特色"现代商业素养培育"融入其中，是学校推进特色普通高中建设的又一次有益的尝试。

2018年8月，习近平总书记在给中央美院老教授回信时写道："做好美育工作，要坚持立德树人，扎根时代生活，遵循美育特点，弘扬中华美育精神，让祖国青年一代身心都健康成长。"

上海市澄衷高级中学将遵照习总书记的要求，立足学校优秀的文化精神，传承学校百年美育传统，根据当下学校发展的要求，以美育人，以文化人，提升学生的综合素质。

（潘红星，上海市澄衷高级中学校长，地理高级教师）

在校史研究中提升课程的理解力，在学科整合中提升课程的驾驭力，在活动设计中提升课程实施力，学校通过课程建设来成就课程人。

（整理人：潘红星）

附录一：

高中生现代商业素养培育的体验式课程开发研究报告

第一部分 研究背景与选题意义

一、选题缘由

上海市澄衷高级中学是沪上第一所由中国人自己创办的班级授课制学校，创始人是晚清著名的爱国商人、宁波帮先驱叶澄衷先生。在一百多年的办学历史中，学校有许多著名的特色。其中在商科方面培养了不少工商界名人，留下不少详实的记载。我们认为，学校的特色发展离不开学校的传统，本研究课题的确立，也是从借鉴我校历史上优秀商科传统特色出发，按照"人无我有，人有我优，人优我精"的原则，立足国家人才需求和为了"人"的发展的根本要求，对校史进行系统分析研究的结果。

最近十多年间，学校先后进行了"中学教研组教学、科研、培训三位一体的实践研究"、"问题与突破：基于教研组三位一体机制的高中教学环节针对性研究"、"高中生阅读素养发展的实践研究"三个课题的研究。其中"中学教研组教学、科研、培训三位一体的实践研究"2007年荣获上海市第九届教育科学研究成果二等奖，"问题与突破：基于教研组三位一体机制的高中教学环节针对性研究"荣获上海市第十届教育科学研究成果三等奖，"高中生阅读素养发展的实践研究"荣获上海市教育科学研究院第五届学校教育科研成果一等奖、2017年上海市教学成果二等奖。这三个课题先后获虹口区第九、第十、第十一届教育科研成果评比一等奖。这些课题的研究，凝聚了全校教师的智慧，营造了我校的科研氛围，提高了教师的科研水平和科研能力，学校年度绩效评价，科研得分多年名列全区高中第一。科研水平和科研能力的提高也带动了学校办学质量的提高,近几年,特别是实施新高考以来,学校的高考本科率节节攀升,不断刷新纪录。这为学校特色内涵发展提供了较好的现实基础条件。

随着我国高中"普及化"程度的不断提高,为高中的"多样化"发展提供了现实基础。《国家中长期教育改革和发展规划纲要(2010—2020)》(以下简称《规划纲要》)提出了"树立以提高质量为核心的教育发展观,注重教育内涵发展,鼓励学校办出特色、办出水平,出名师,育英才"的核心任务,尤其明确了"推动普通高中多样化发展"、"鼓励普通高中办出特色"的目标。在这样的政策背景下,2010年起,上海市教委启动"上海市特色普通高中项目校"的建设项目,并出台《上海市推进特色普通高中建设实施方案(试行)》,明确指出"推进特色普通高中建设,促进高中教育多样化发展,是本市高中教育转型发展的战略选择,也是凸显普通高中教育独立价值的现实路径",提出"促进学生全面而有个性地发展,推动高中学校错位发展、特色发展和可持续发展"。《上海市虹口区中长期教育改革和发展规划纲要(2010—2020)》则提出:"到2020年,力争有50所学校成为全区有影响的特色学校,其中10—20所学校成为全市有影响的特色学校、品牌学校,全区所有学校基本形成'一校一特色'。"基于上述政策背景,学校制定了《上海市澄衷高级中学"现代商业素养培育"特色发展规划(2016—2020)》,并将"高中生现代商业素养培育的体验式课程的开发与实践"作为学校主课题,以课题为引领,推进学校的特色发展。

2016年6月,本课题被上海市教育科学规划领导小组审定为2016年度上海市教育科研市级课题。本课题经过三年的研究,已进入结题阶段。

二、研究价值与意义

(一) 更好地满足学生的未来发展需要

财经素养作为21世纪公民必备的核心素养之一,不仅具有个体意义,更具有社会意义和国家意义。提升公民财经素养,关乎个人发展、家庭幸福、社会稳定和国家安全,面向全民的财经素养提升已是国际趋势。如,美国早在20世纪90年代就开始将财经素养教育纳入国民基础教育体系中;英国2000年把财经素养教育正式列入了英格兰的学校教育系统;澳大利亚2005年出台的《消费者和财经素养的国家框架》中,财经素养教育覆盖的学段从幼儿园到十年级;日本金融宣教中央委员会将2005年定为日本"财经素养教育元年"。令人欣喜的是,2018年1月23日,中国财经素养教育协同创新中心首次在北京发布《中国财经素养教育标准框架》。财经素养作为现代商业素养的重要组成部分,本课题的研究有助于解决本校高中学生财经素养缺失的共性问题,通过提升学生的现代商业素养,更好地满足学生未来发展需要,提升学生未来生活的幸福指数。

(二) 解决学校课程建设中存在的问题

在新一轮的普通高中课程改革中,国家为满足学生的个性化发展需求,从课程设置入手,确立以必修课为主、选修课为辅的多样化的课程框架,构建国家课程、地方课程、校本课程的课程体系。然而从学校层面来看,学校仍然沿袭传统学科为中心的课程设置模式,存在课程结构不够系统、课程内容缺乏衔接和整合、课程评价方法单一等共性问题,没有从根本上对整个学校的课程设置做出合理的规划。本课题的研究有助于解决学校课程建设中存在的共性问题,立足"基础性、选择性、体验性、整合性和时代性"的课程理念,构建科学合理的校本特色课程体系。

(三) 解决普通高中"千校一面"问题

教育部最新颁布的《普通高中课程方案》(简称《方案》)明确提出,普通高中教育是九年义务教育基础上进一步提高国民素质、面向大众的基础教育。然而现实中,受高中办学传统和习惯的制约,高中办学仍然围绕高考指挥棒,以考定教。如何来突破目前普通高中办学"千校一面"的共性问题?上海市教委启动了特色普通高中建设项目。因此,本课题的研究,有助于推进学校的特色建设,从区域层面形成学校发展"各美其美,美美与共"的局面。

第二部分 核心概念与研究目标

一、核心概念的界定

(一) 本课题涉及的"现代商业素养"概念的界定

现代商业素养的校本界定:学生参与现代商业活动所必备的知识和能力,以及由此而形成的商业道德与价值观。

我们从叶公澄衷和学校培养的一大批工商界名人身上进一步提炼现代商业素养的内涵,包含"商之术""商之法""商之道"三个维度的内容,每一个维度又分别包含五个模块。

"术"的校本界定为"术语","商之术"直接指向必备的现代商业知识的掌握;"法"的校本界定为"方法","商之法"直接指向关键的现代商业活动能力的培养;"道"校本界定为"规则","商之道"直接指向现代商业活动中的优秀品格的养成。

现代商业素养培育是对学生进行社会主义核心价值观教育和培育学生核心素养的最佳载体。通过"商之术",即现代商业知识的学习,学生的人文底蕴、科学精神得到加深;通过"商之法",即现代商业活动能力的培养,学生更加会学习、会生活;通过"商之道",即现代商业优秀品格的养成,更是让学生学会担当、学会创新。

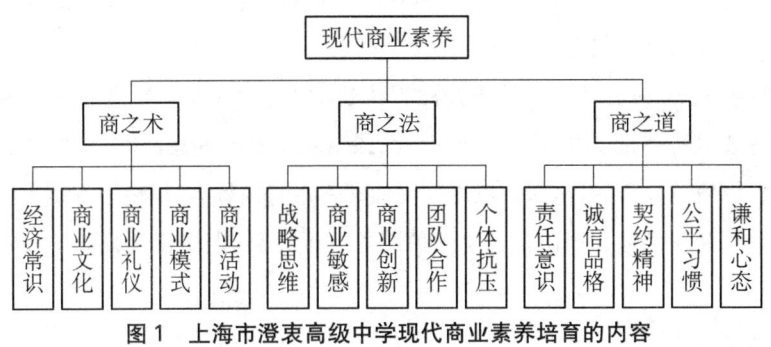

图1　上海市澄衷高级中学现代商业素养培育的内容

(二) 本课题涉及的"体验式课程"概念的界定

美国学者大卫·库珀构建了一个体验式学习模型:活动(体验)—发表—反思—理论—应用—再活动(体验),依次循环。

根据大卫·库珀理论,体验式课程的完整定义:学习者在真实或模拟环节中通过自身的活动获得亲身的体验和感受,然后与团队成员之间交流,通过反思、总结,提升为认识的成果,最后将理论和认识的成果应用到实践中去,从而达到预期的成功。

在实际的课程构建和实践过程中,我们一切从实际出发,特别强调体验式课程必须以学生为中心,重视学生亲身参与、自身感受和内心体验,在实践中、体验中获取知识,习得能力,培养核心素养,而不必拘泥于库珀的完整封闭循环,理想地追求两次认识的飞跃。

(三) 本课题涉及的"高中生"概念的界定

课题中的"高中生"主要指我们学校三个年级500多名学生,他们是本课题研究的对象。

二、关键问题和创新点

本课题的关键问题是:现代商业素养培育与学生核心素养培养的关系。我们把现代商业素养培育作为学生核心素养培养的校本载体,通过学生现代商业素养的培育,落实学生核心素养的培养。

本课题的创新点在于:通过学校课程构建的六要素,即学校发展理念及培养目标、学校课程结构体系、学校课程内容设置、课堂教学改革的思路和举措、课程建设制度和管理、课程的保障条件,探索以现代商业素养培育为载体,最终达到培养学生核心素养的目的,从中创造出属于自己学校的特色改革经验,走出属于自己学校的特色改革之路。

三、研究目标

(一) 丰富学生核心素养培养的方式

学生的发展是学校特色建设的根本宗旨和落脚点。正是学生的个体差异才要求学校教育要有多样化的存在,要能够满足每一个学生的发展需要。所以,学校特色建设是为了"学生"而建设,为了实现学生基于个体发展水平和需要的个性化发展。学校定位现代商业素养培育,并通过本课题的研究,把现代商业素养培育作为学生核心素养培养的校本化实施载体,丰富学生核心素养培养的方式,与其他特色普通高中项目学校殊途同归,最终都是更好地满足于学生的个性化发展需要。

(二) 形成校本的特色课程体系

20世纪英国著名哲学家、数学家和教育家怀特海认为,每所学校应该有自己的课程。一所特色学校,首先应该拥有自己的特色课程,因为特色课程是学校特色的主要载体。本课题研究,旨在帮助学校建构自己的特色课程体系,既包含国家课程、地方课程的校本化实施,也包含形成特色校本课程,从而更好地服务于学校的特色建设。

(三) 形成丰富的支撑学校特色发展的资源库

学校定位现代商业素养培育,对一所普通高中而言,具有不少的挑战,向外可借鉴的经验不多,向内所需要的特色资源不足,因此,本课题的研究,旨在围绕学校特色建设的核心内容,构建开放的办学格局,研究共同助力学校特色建设的内、外资源,形成丰富的支撑学校特色发展的资源库。

(四) 促进学校的特色发展

现代商业素养培育的特色定位,是在深刻地审视学校自身办学历史、发展现状,充分发掘学校自身的资源的基础上,找到的学校发展现实与未来的契合点。学校以课题为引领,通过实证研究,服务和解决实践中的"真问题",促进学校特色发展。

第三部分　研究过程与研究方法

本课题主要采用了行动研究法,形成了"现状调研——整体规划——试点实施——深度推进——总结提升"的研究思路,开展螺旋式行动研究,以研究引领实践,在实践中提升研究,在学习、反思、实践的相互作用中推进研究。

一、现状调研与课题准备阶段(2015年1月—2015年12月)

(一) 情报研究

我们运用文献研究法开展了文献研究。通过查阅国内外相关文献,了解了"现代商业素养"及相近概念"财经素养"和"财商素养"的研究现状,分析、梳理出了我们的研究方向,并撰写了课题的文献综述——《高中生现代商业素养培育的体验式课程的开发与实践情报综述》。我们在理清"现代商业素养"和"体验式课程"内涵的基础上明确了研究的关键问题,即"体验式学习方式培育高中生现代商业素养的具体方式有哪些"、"如何架构普通高中学生现代商业素养培育的课程框架体系"。因为从已有的资料来看,目前尚没有一套现成的课程框架体系、校本课程和可操作实施的经验和方法来解决我们的问题。

(二) 现状调查

我们运用调查法了解学生的职业兴趣和学校开展"现代商业素养培育"研究的师资条件。

1. 学生

2015 年上半年,我们对全体高一学生(170 人)开展"我感兴趣的职业"调查活动,帮助学生和学校了解学生的兴趣所在。调查有两项,一是利用霍兰德心理量表进行职业兴趣调查,二是开展"我感兴趣的职业"——职业调查活动。

通过霍兰德心理量表进行职业兴趣调查我们发现,企业型(E)、实际型(R)、传统型(C)这三类学生占的比例接近一半,其呈现出共同的兴趣倾向:重视金钱、重视商业与经济上的成就;从个体来看,学生兴趣倾向呈现分化性高和较高的比例不到三成,分化性一般的比例为三成多,分化性较低和分化性低的比例接近四成。(注:分化性越高,表示这六个类型中,有的兴趣组型特别突出,分化性越低,表示六种兴趣的类型之间差别不大。)表明有相当数量的学生兴趣倾向不明确,不知道自己到底喜欢什么。

在"我感兴趣的职业"——职业调查活动中,学生通过采访一位家人、了解其职业情况来反思自己的职业兴趣点。学生的采访结果呈现以下五类职业(就业方式)排前五位:商业金融类 13.08%、医生护士类 11.21%、(建筑机械广告等)设计类 11.21%、会计 7.5%、创业 6.5%。我们发现,商业类占的比重较大,可能的原因是现代服务业的迅速发展是当前无法回避的时代背景。

虽然学生们认为自己具有某一方面的兴趣爱好(如,商业类),但这是相对其他类别而言的,事实上他们的兴趣倾向并不明显,相当多的学生并不清楚自己到底喜欢什么。所以,我们拟开发培育学生现代商业素养的体验式课程,通过提供真实情景或创建模拟情景,帮助学生在体验中获得有关现代商业的知识、能力和感悟,帮助他们找寻自己的兴趣;同时为已有这方面兴趣的学生提供锻炼能力的平台,帮助他们提升能力和保持兴趣。

2. 教师

2015年下半年,学校以"现代商业素养的培育"为主题对全体教师进行了问卷调查。通过调查,我们发现:

多数老师认同学校的培养目标:"能服务于未来社会的德、智、体、美、劳全面发展的合格高中生,成为现代商业素养突出,重责任、讲诚信,有性灵、能创新、善沟通、会合作的澄衷人。"

围绕培养目标,部分老师分析了自己的兴趣和专业特长后,认为自己可以开设相关特色课程。如,商务英语、诚信修身课、大数据时代变革、家庭自制安全食品、市场调研、沟通或合作技巧(艺术)、证券交易、广告文化浅谈、旅游英语、体育竞赛的商业运作、中学生创业心理探究、对外贸易简介等。

就围绕培养目标,学生体验的活动设计和场馆开发而言,老师们提出许多建议。如,模拟炒股、校园跳蚤市场、开发APP、参观北外滩航运中心、学生学习用品义卖、自制安全食品展示、沙盘模拟、DIY销售、模拟商业节等。

综上,老师们对本课题有一定的认识,并对自我专业能力进行了评估,对相关课程的开设和学生体验活动的设计等也提出了建议。但从长远来看,现有师资的相关素养、专业化程度等还不能满足未来课程架构的需要。

二、整体规划与课程设计阶段(2016年1月—2016年12月)

学校通过自上而下与自下而上相结合的方式,从"学校特色发展基础"、"学校特色发展所面临的问题与挑战"、"学校教育哲学:性灵教育"、"学校特色发展"、"学校特色课程结构与课程实施"、"学校特色发展保障措施"等六个方面拟定《上海市澄衷高级中学"现代商业素养培育"特色发展规划(2016—2020)》,随后学校各主要职能部门分别拟定了与学校特色发展规划相配套的德育工作、科研工作、校本培训等五年发展规划,系统设计学校的特色发展蓝图,保障特色发展规划的实施。

课程是特色建设的核心载体。学校在《上海市澄衷高级中学"现代商业素养培育"特色发展规划(2016—2020)》的指导下,从"学校'商科'传统与特色发展基础"、"'现代商业素养培育'特色发展定位和目标"、"'现代商业素养培育'特色课程体系"、"'现代商业素养培育'特色课程实施"、"'现代商业素养培育'特色课程管理和保障"等五个方面拟定了《上海市澄衷高级中学"现代商业素养培育"特色课程规划》。

在此基础上,我们采取"迭代"的思路,请来专家指导,不断完善课程方案和课题设计思路。

(一) 专家指导

2016年,我们多次邀请市区专家指导我们的研究。专家们的意见主要集中在以下两个方面:

1. 要理清三个问题

(1) 现代商业素养和从商之间是何关系

通过厘清现代商业素养和从商之间的关系,消除家长、校友等对从商的狭隘理解和误解。

(2) 我们为什么要研究现代商业素养

要解释清楚作为一所普通高中,我们为什么要选择"现代商业素养"来突破和研究?这需要我们广泛研读文献,从国际和国内全面分析我们研究"现代商业素养"的主客观原因。

(3) 现代商业素养培育和普通高中的培养目标是何关系

要厘定现代商业素养培育和普通高中培养目标之间的关系:即普通高中的现代商业素养培育是有别于职校的,也不同于高校的,那么我们应把握的点到底是什么?

2. 重点抓住四个方向

(1) 要抓住现代商业素养的灵魂

要把现代商业中核心的精神呈现出来。如,责任、诚信、创新、合作等。

(2) 在学科课程中提炼融合方式

根据某一学科的知识内容来结合现代商业素养培育,这是一个有机结合的过程,在实践的基础上提炼方式。

(3) 构建分层次、有梯度的特色课程

现代商业素养的培育应是分层次、有梯度的。特别有兴趣的、准备将来在商业领域大展才华的学生与不想从事这方面工作、但也需要具备现代商业素养的,是属于不同层次的,他们应获得不同层次、梯度课程的支持。

(4) 构建有特色的评价方式

课程的评价的方式应能体现学校特色。如,可以"通过哪几个维度来评价学生的现代商业素养"、"通过哪些资料来呈现"等角度探索。

(二) 申报市级课题

2016年3月,经过多次修改完善,"高中生现代商业素养培养的体验式课程的开发与实践"参与上海市教育委员会教育科学研究一般项目评审。2016年6月,经上海市教育科学规划领导小组审定,本课题被确立为2016年度上海市教育科研市级课题。

(三) 设计、完善实施方案

在专家指导的基础上,我们逐步明确了研究思路,确定了研究的关键问题,完善了课题实施方案。

1. "现代商业素养"内涵的完善

"现代商业素养"的内涵是什么?通过查阅文献资料,包括《辞海》中关于"商业"的定义、PISA测试对"素养"的界定以及"现代商业与传统商业的区别与联系"等,我们提出了以下的定义:学生面对未来商业生活,解决问题时所应具备的知识、能力和价值的总和。随着实践的推进,我们发现可以将这个定义具体化,以更具操作性。于是又调整定义,具体如下:现代商业素养的校本界定:学生参与现代商业活动所必备的知识和能力,以及由此而形成的商业道德与价值观。

2. 课题实施方案的完善

我们在初步实践的基础上不断反思、总结,随着对"现代商业素养"内涵认识不断深入和具体,课题实施方案也逐渐完善。特别是关于"现代商业素养培养的体验式课程的实施途径"的研究,原先我们提出了五条实施路径:拓展课中的体验、研究课中的体验、社团课中的体验、常规活动中的体验和社会实践中的体验;之后,专家在指导中提出了若干建议,包括与学科课程的融合、构建分层次、有梯度的特色课程、构建有特色的评价方式等建议,于是我们将这一部分的研究作了调整。首先是增加了"现代商业素养培育与学科课程的有机结合"和"现代商业素养培育的课程评价研究",其次是将原先的五条实施路径进行了整合,将原先的"拓展课中的体验"表述成"现代商业素养培育与学科拓展课程的广泛结合",将原先的"研究课中的体验、社团课中的体验、常规活动中的体验和社会实践中的体验"等合并在"现代商业素养培育与综合实践活动课程的深度融合"这一维度中。同时我们发现体验式学习方式是符合核心素养背景下的学习要求的,能解决和解释来自现实情境的问题,而现代商业情境则是学生无法回避的一类现实情境。所以,我们的研究方案中特别增加了"以学习为中心的课程实施:'现代商业素养培育'的关键"的研究。

三、试点实施与模型建构阶段(2017年1月—2017年12月)

前期,我们以拓展课和研究课为载体开展了试点,由老师自主设计和开发课程。如,"高中生微店开创与营销初探"、"高中生证券操作实践"等。同时也邀请专家以小型研讨会和一对一的形式就课程设计的规范性、创新性和艺术性等方面指导老师、回应老师们的疑惑。

在局部试点的基础上,我们展开研讨,反思实践的规范和成效。在研讨中,老师们指出,虽然学生对身临其境的操作颇有兴趣,但仅有这些以及相关的简单概念和知识的获得的话,与培育素养的要求是有一定差距的。所以,大家又提出了"要与学科课程相联结,要完整理解体验式这一学习方式的内涵"这一思路。最后,形成以下四条再实践的思路:一是在学科课程中以主题单元设计为抓手,通过认知体验的学习方式来培育现代商业素养;二是拓展课程要呼应学科课程,通过认知体验的方式来延伸培育现代商业素养;三是在综合实践活动课程中要以情感体验的方式来培育现代商业素养;四是探索具有体验式特点的多元课程评价。具体如下:

(一) 学科课程"1+X"的单元教学设计模型

这个模型中的"1"是指一个主题,这个主题既应具有统领一定篇幅的学习内容的特点,又应符合现代商业素养的培育目标,往往是"商之术"、"商之法"和"商之道"的某个具体的内容。"X"指围绕这一主题的若干个教学设计。这若干个教学设计之间是并列的关系,都回应了主题的内容,是落实主题要求的具体设计,通过认知体验式的学习设计来培育现代商业素养。如"《函数》单元教学设计"单元的主题是"函数",因为"函数"是高中数学的核心内容之一,函数思想和方法贯穿于高中数学学习;通过本主题的学习,如,学生通过对几个初等函数的研究,可以掌握研究函数的一般方法;通过数学建模,学生尝试解决商业活动中的问题(如出租车计费和税费计算)等,理解商业计算,设计解决商业问题的方案。他们以合作小组的形式通过体验"从实际到数学,建立数学模型,回到实际检验,最终利用所得的函数模型解决实际问题"的全过程,不仅深化理解学科知识,掌握学科思想、方法,同时也增强了抗压能力,也学会了合作。所以,"函数关系的建立"、"分段函数"等课时教学设计都是围绕着"函数"这一主题展开的,是单元设计的具体化。

(二) 拓展课程的"1＋1"联动推进模型

这个模型中的第一个"1"是指一个关键问题,这个关键问题来自于学科课程;第二个"1"是对第一个"1"的回应,并以此为出发点,设计和实施一门新的课程。如"中学生投资理财"的设计与实施,就是教师在思想政治学科"金融服务,家庭理财"这一课的教学中发现高一学生对投资理财的意愿比较强烈,但是面对纷繁复杂的理财项目时,分析问题和解决问题的能力还有待提高。这是"中学生投资理财"有待解决的问题,也是本课程设计和实施的立足点和出发点。基于此,在课程设计中运用了体验的方式来促进学习的思路。包括运用虚拟资本模拟家庭投资理财活动,设计理财方案,计算各组的投资盈亏状况等,然后与同学分享交流,反思方案的合理性,再凝聚团队的力量修改方案。最后,通过义卖的实践活动来检验和发展设计的方案。

(三) 综合实践活动课程的"1＋X"模型

这个模型中的"1"指一个核心资源,即校史资源,包括与学校直接相关的一切资源,既有以宁波帮博物馆、叶氏义庄为代表的硬件资源,也有软件资源,如学校创办人叶公澄衷的故事、以学校杰出校友李达三先生为代表的丰富、多样的校友资源。"X"指围绕这一核心资源,我们开发和实施了若干门综合实践活动课程。如"基于校史资源的研学旅行课程"和"职业体验课程",在这两门课程的开发和实施中,学生充分利用校史、校友等资源(包括宁波帮博物馆、叶氏义庄、校友创办的实践体验基地等),围绕"我是澄衷人"、"追寻澄衷精神"等主题开展研学活动。通过体验,学生获得情感共鸣,铭记校训,牢记"知校知国、爱校爱国、兴校兴国"的责任和使命。

四、深度推进与全面推广阶段(2018年1月—2018年6月)

在学科课程、拓展课程和综合实践活动课程三种模型试点的基础上,我们进一步完善了模型的内涵,包括体验式学习方式的规范运用和评价方式的多元尝试,同时也进一步拓展了实践探索的学科,在原先思想政治学科先行探索的基础上又新增了语文、数学、英语、化学、历史和信息技术。

(一) 体验式学习方式的规范运用

体验式学习方式的运用,由于理解的片面性和操作便利性等原因,在教学实践中老师比较注重活动的设计和实施,较多关注体验式学习方式中的第一和第二个环节,对后面环节的实践还不够;但体验式学习有严密的理论模型,所以,我们根据实践中出现的这些问题,采取了研读、示范、交流等方式组织老师学习,以帮助他们准确地掌握理论,运用理论指导实践。

(二) 多元评价方式的探索

在研究的过程中,关于评价我们达成了一致的观点:以"促进学习的评价"这一理论为指导开展评价。即评价要以促进学生的学习为目的,教学中采用的方式要有利于收集学生的表现信息,并通过及时反馈给学生来改进学生的学和教师的教。在原先已有的评价方式的基础上,鼓励老师结合现代商业素养的培育探索多元的评价方式。

五、总结提升与课题结题阶段(2018年7月—2018年12月)

在学科课程、拓展课程和综合实践活动课程等子项目总结实践的基础上提炼、研讨交流,撰写研究报告,汇编研究成果。

第四部分 研究架构与具体内容

一、"现代商业素养培育"已有研究基础的分析

随着改革开放与上海面临"五个中心"建设的重大任务,相关人才的培养也成为教育的重要目标。高等教育专门人才直接服务于社会发展与区域经济建设毫无争议,而基础教育能够为专业人才的培育提供什么服务呢？我国高中教育的定位"是九年义务教育基础上进一步提高国民素质、面向大众的基础教育",因此,作为一所有百余年历史的普通高中,不仅仅需要关注如何帮助学生在高考中取得理想的分数,考上理想的大学,还必须坚守基础教育的价值取向,为未来各类人才培养奠定素质基础,为学生的幸福人生奠基。

目前,虹口区作为上海"五个中心"之航运中心和金融中心的主体功能区,其航运中心和金融中心对人才的培育要求在基础教育的渗透尚停留在理念和设计阶段,还未有明确的举措。我校与复旦大学管理学院、上海立信会计金融学院等高校合作办学,打造"现代商业素养培育"特色,培养能服务于未来社会的德、智、体、美、劳全面发展的合格高中生,成为现代商业素养突出的,重责任、讲诚信、有性灵、能创新、善自律、会合作的澄衷人,以此来探讨高中教育对专业人才培养的早期作用与影响,目的是为区域发展找到专业人才培育和储备的新途径,实现高中教育间接为区域经济发展主动服务的功能。如若能成为上海基础教育中"现代商业素养培育"的典范,辐射若干学校,那么必然能为上海"五个中心"建设做出更大贡献。

中小学基础教育中开展与实施"现代商业素养培育"的研究资料比较少,已有的研究从学段来看较多的是大学阶段和入职阶段,从内容来看主要聚焦财商教育和财经教育,且绝大部分是国际 PISA 测试关于财经素养的测评样题分析、试题编制技术探析、评估结果分析,美国、澳大利亚、加拿大、日本等国家关于财经素养的国家战略,各国关于财经素养教育的实践及启示,上海学生的财经素养表现及影响因素,以及个别学校进行财经教育的探索。

综上所述,系统的中学"现代商业素养培育"的研究较少,如何在以基础教育为主的普通高中实施带有专业教育倾向的特色教育,主动服务虹口区航运和金融中心的功能定位,乃至整个上海的"五个中心"建设,需要缜密思考和系统设计。

二、特色课程规划:"现代商业素养培育"的基本前提(详见本书第四章《特色课程的整体设计》)

三、"现代商业素养培育"的课程评价研究(详见本书第五章《特色课程的深度聚焦》)

四、"现代商业素养培育"的课程保障条件

(一) 思想引领

学生的发展是学校特色建设的根本宗旨和落脚点。培养学生根据自己的特点做出个性化的发展规划,是高中教育的独特价值所在。学校围绕"陶冶性灵,启迪智慧,涵养气质"的办学理念,以"现代商业素养培育"作为学校的特色办学方向,着力做好以下三方面引领:

1. 着眼于更好的公民素养培育

学校以"现代商业素养培育"为载体,通过升华为文化价值引领,内化于机制保障,体现于课程建设,强化于课堂教学,创新于活动设计,物化于环境打造的特色定位策略,培育学生的核心素养,着眼于未来更好的公民素养培育。

2. 着眼于更好的大学学习准备

一方面,高中教育不仅要帮助学生取得理想的高考成绩,考上理想的大学,更要培养学生的自主学习能力,优化学生的思维习惯,提升学生的思维品质,为大学学习作好学习力方面的准备;另一方面,高中教育也要通过设置专门化的核心基础课程,培养学生专业学习的志、趣、能,帮助学生提前了解大学的相关专业,为大学学习做好专业选择方面的准备。

3. 着眼于更好的职业发展准备

学校通过"现代商业素养培育"体验式课程的开发和实践,帮助学生更好地了解自我,并能根据自己的特点,选择相应的学校课程,参与相应的社会实践,做好个人的发展规划,为未来更好的职业发展作好准备。

(二) 组织保障

1. 组织保障

学校成立以校长、副校长以及中层干部等组成的"特色发展规划实施领导小组",全面负责规划的推进实施,定期研究规划实施过程中遇到的问题。学校相关职能部门与复旦大学管理学院、立信会计金融学院教务处形成对接机制,建立定期互访沟通机制。

发挥学校党总支的政治核心和保障作用,党政形成合力,保障特色发展的推进实施。

与区教育局、复旦大学管理学院、立信会计金融学院、北外滩街道等建立联系机制,征集对我校特色建设的意见,寻求帮助和支持。

2. 经费与资源保障

拟定资金使用管理办法,专款专用,提高资金使用效益,确保对特色课程开发实施评估、创新实验室设计和建设,特色发展的其他条件设施的资金支持。

3. 制度保障

与复旦大学理学院、立信会计金融学院签订合作协议和合作备忘录,将双方在师资、资源、课程等方面的合作制度化、规范化、常态化。

依法办校,以章程为引领,进一步完善学校各项规章制度,落实教师"现代商业素养培育"的相关培训保障、教师考核评价的制度保障,以及学校开展"现代商业素养培育"的制度保障。以五年发展规划为参照,在校"特色发展规划实施领导小组"全程指导下,有序开展各项工作。各主要项目的推进,由具体职能部门承担。

认真实行校务公开制度,规范重大问题的议事制度,发挥工会、教代会和民主党派的民主参与、监督作用,确保学校决策民主、科学。

4. 社会舆论保障

利用家委会渠道宣传我校的办学特色,定期进行问卷调查,征求学生家长对学校工作的意见和建议,取得家长对学校工作的理解和支持。

加强在社区和全区范围内的宣传工作,形成学校"现代商业素养培育"的社会共识和支持我校特色建设的舆论环境。

(三) 专业研修

培育学生的现代商业素养需要提升教师的专业素养。我们根据当前教育教学的形势以及学校教育教学的实际,各部门分工合作,分别以"专业阅读"、"专家引领"和"自主研修"的方式组织教师开展了学习。

1. 专业阅读

2018年初,教育部发布《普通高中课程方案和语文等学科课程标准(2017年版)》,这既是我们学习和理解学科核心素养的载体,也是落实学科核心素养的依据。因为我们所提出的"现代商业素养培育"是落实各学科核心素养的一个支点,所以,具体该如何通过"体验式"学习方式来提升学生的这一素养,应关注新课标有何新规定。教学处和图书馆为各学科教师每人购买了新课标,各学科教师阅读后发现,许多学科的课标都指出要创设、运用情境来促进教学。如"倡导真实问题情境的创设,开展以化学实验为主的多种探究活动,重视教学内容的结构化设计,激发学生学习化学的兴趣,促进学生学习方式的转变,培养他们的创新精神和实践能力"。(化学新课标,第2页)"教师可通过项目创设问题情境,引导学生在解决问题的过程中感受信息技术对人们日常生活的影响,帮助他们探究数据与计算的知识,提高利用信息技术解决问题的能力,发展计算思维"。(信息技术新课标,第13页)而且有的学科还在新课标中提供了与我们的研究内容相吻合的教学建议和案例。如"调查市场常见化学电池的种类,讨论这类电池的工作原理、生产工艺和回收价值";(化学新课标,第29页)"通过'网络购书'的实践活动,组织学生探究'网站为用户自动推荐商品的原因',辨析网站获取用户数据的基本类型,了解基本的分析方法(如对比分析法、平均分析法等),思考网站数据可能会对用户产生的影响"。(信息技术新课标,第14页)这些要求、建议和案例为我们如何在学科教学中通过"体验式"学习来培育学生现代商业素养提供了思路,为我们的研究指明了方向。

2. 专家引领

学校自启动本课题研究以来,持续邀请有关专家来校指导,包括大学的教授以及市区教育教学方面的专家。

一是通过多种形式的培训帮助全校老师了解、理解现代商业和现代商业素养。包括：

走出去培训。校长利用校外和高校资源组织教师参加培训。如JA中国每年暑期在复旦大学管理学院展示学生公司的成果，这成了学校教师的很好学习机会。通过学习，校长将学生公司的展示嫁到学校的每个班级，校内开展学生公司的展示活动。又比如，复旦大学管理学院每年举办国际文化节活动（2018年主题为"美国日"）、迎新学术论坛、蓝墨水论坛等，每一次大型活动，只要知晓信息，校长都全力地争取机会，组织教师前去观摩和学习。

请进来培训。围绕"现代商业素养培育"，校长请来了上海商学院、复旦大学管理学院、立信会计金融学院的专家和教授，为澄衷教职工开设《现代商业与传统商业的区别》、《管理学素描》、《商业漫谈》、《互联网时代的商业逻辑》、《大数据》等讲座，开拓教职工的眼界，提升教师现代商业素养。

跟岗培训。JA中国近几年为学校开设了"青年经济学"、"青年理财"、"学生公司"等课程，校长组织教师一对一跟岗培训。在培训的基础上，学校教师避开面上高中开设的"金融理财"课的角度，依据澄衷"持诚求真"的校训，从个人信用的角度入手，开发了"金融信用与生活"慕课，该慕课已于2018年底成功在"上海市高中名校慕课"网上线。

二是通过专业对话的方式，具体指导教师如何设计和实施现代商业方面的课程。前期，我们以小型研讨会的形式邀请专家就拟开设特色课程的教师关心的两大问题作出解答：一是"什么是特色课程？"二是"怎样开发特色科目？"通过学习，老师们逐渐理解了特色课程的内涵，掌握了课程规范设计的四大核心要素：目标、内容、实施和评价。中期，相关教师根据前期的学习体会，自主设计指向现代商业素养培育的特色课程。在此基础上，我们又邀请专家围绕我校教师自主设计的特色课程方案，一对一地找问题，提建议，以提升课程设计的科学性、规范性和创新性。同时，我们也邀请专家进老师的课堂，实地观察课程的落地效果。后期，我们邀请专家和老师们一起打磨他们整理的课程资料，帮助其再上一个台阶。

3. 自主研修

课题确立伊始，"现代商业素养"、"体验式课程"对多数老师来说是陌生的概念，而课题研究过程中,老师希望能有一些关于自己研究的子课题的参考资料。所以,科研室会借助校园网等途径将一些文章推荐给全体老师自主阅读,或是将某本书、某篇文章直接推荐给相关老师,如将由图书馆购买的《生涯体验——生涯发展与规划》一书推荐给了学生处的老师。

另外,科研室支持老师结合自己的教育教学实践,围绕现代商业素养培育这一方向开展子课题的研究,在研究中实践,在实践中研究。比如,张一老师的"物理学在学生商业素养培养中的地位和作用研究"被确立为2018年度虹口区一般项目,他就是在辅导学生的过程中产生了将二者相结合研究的想法,于是科研室给他提供了相应的资料,鼓励他申报课题,并一起交流、修改申报书。同时,学校的《教科研奖励细则》明确规定,教师个人课题的立项、研究成果的发表和获奖根据不同等第都可以获得相应的奖金,学校提供的研究经费和奖励有利于保证教师自主研究的现实可能性。

通过多种方式培训,学校学科和活动两类课程已建构起来;与学科课程有机结合,与拓展课程广泛结合,与综合实践活动课程深度融合,现代商业素养特色课程实施路径逐步清晰起来;学校教师从抵触到理解,从理解到逐步跟进,从跟进到发挥各自的聪明才智,特色师资正逐步满足学校特色建设的需要。学校有10多门慕课在"上海市高中名校慕课"网上线。

(四) 资源整合

一所普通高中要顺利开展特色建设,学校一定要有强烈的开放办学的意识,借船出海,借力发展。

1. 用好校友资源。学校连续多年聘请优秀的校友担任学生的生涯规划导师;邀请优秀的校友来校作客澄衷讲坛,如,中国银行上海分行行长、纽约分行总经理郑柏林,江海证券首席分析师华乐,上海金融期货交易所高级经理胡耀祺等;在部分校友的企业挂牌成立学生商业实践体验基地,如,校友刘况廷企业"旭富商业实践体验基地",校友王纪文企业设立"植然雅商业实践体验基地"。

2. 用好家长资源。学校尝试聘请家庭教育经验丰富的家长担任学生的生涯规划导师;利用寒暑假组织学生去家长所在的单位开展职业体验日活动;学校重要的特色展示活动邀请家委会成员来校观摩,如,学生的年度表彰会,一年一度的商业嘉年华活动等;学校定期组织家长问卷,最近一次的反馈,家长对学校特色建设的满意度超 90%。

3. 用好社区资源。与新高考对学生实施的综合评价结合,学校组织学生节假日开展社会实践活动时,渗透现代商素养的内容;学校成立"上海市澄衷高级中学现代商业素养培育北外滩区域联动组织",成员单位包括虎扑(上海)文化传播股份有限公司、荣宝斋(上海)拍卖有限公司、中国银行虹口支行、上海杰地建筑设计有限公司、上海捷铭律师事务所、陆羽茶道等六家单位,订立了章程,本着服务于北外滩建设,合作共赢的原则,在学生职业体验、生涯规划、澄衷讲坛、特色课程建设等方面给予学校支持,助力学校学生现代职业素养培育,为北外滩区域的教育发展,两个中心建设贡献智慧和力量。

4. 用好高校资源。学校与上海商学院开展多向互动,包括学生参观上海商学院和商业博物馆,邀请商学院教授给学生、教师多次开设讲座,或担任学校理财大赛的评委。

学校与复旦大学管理学院于 2016 年 6 月订立了为期三年的合作共建协议。近三年,学校定期组织学生去复旦大学管理学院参观学习;聘请管理学院优秀的本科生和硕士生担任本校学生生涯规划导师,指导班级学生开展学生公司活动;多次邀请管理学院的领导、教授和博士来校为师生开设现代商业素养方面的讲座,如,陆雄文院长的《读大学对一个人意味着什么》,孙金云博士的《"领导"来了》、《商业模式》、《互联网时代的商业逻辑》,郑琴琴教授的《管理与沟通》,唐跃军教授的《管理学素描》,张诚教授的《大数据》等。

学校正在与上海市立信会计金融学院开展合作,未来将在学校诚信文化建设、新高一金融课程开设、"百元"创新大赛设计、新校创新实验室设计等方面开展多向合作。

5. 用好社会资源。近三年,学校与 JA 中国合作,引进了他们的"学生公司"等三门课程;邀请他们在校内开展市级的学生公司展示活动;在他们的指导下组织学生参加商业挑战赛,进入全国 20 强,开发《个人信用与理财》慕课,组织学生参加彭博网、恒生银行职业体验日活动等。学校邀请财经日报记者张志斌、国际认证的职业培训师和咨询师周昱等一批社会贤达来校讲座。学校多次邀请上海市教委、虹口教育局领导,上海特色普通高中项目组和上海市普教所专家,多所高校的专家来校为学校的特色建设把脉,开展调研,组织研讨,使学校特色建设始终行进在正确的道路上。

第五部分 研究成果与主要结论

一、研究成果

我们主要以美国教育家大卫·库伯的"四阶段的体验学习模式"为指导进行了实践与研究,在实践的基础上对研究成果进行了梳理、总结和归纳。

(一)发展了支撑性理论

大卫·库伯(David A. Kolb,1984)教授(以下简称库伯)在其著作——《体验学习——让体验成为学习和发展的源泉》中创造性地提出了四阶段的体验学习模式:具体经验——反思观察——抽象概括——行动应用。在这个模式中,具体经验是反思观察的基础,然后将通过观察反思所选择和整合的信息进行理论抽象,并将抽象的理论知识迁移到新的情境中,检验理论、运用理论指导解决新的问题。这是一个融体验、感知、认知和行为于一体的综合性观点。我们的研究,立足于我们的教育教学实际,所以不仅回应了这一理论,更是丰富了这一理论内涵,呈现了可操作的体验式学习模式样例。一是创设了多种聚焦现代商业素养培育的体验式学习情境。不同学科的体验式学习模式,都采用了现代商业情境,虽然形式有不同,有的是现实情境、实地探访,如研学活动,有的则是模拟情境、模拟操作,如模拟股票投资等。二是设计了多种聚焦现代商业素养培育的体验式学习模式。如,"《函数关系的建立》教学设计"中创建了"情境设置——学生体验'看数学'——自主探究——学生体验'再创造';实践操作——学生体验'做数学'——合作交流——学生体验'说数学';联系生活——学生体验'用数学'"的多层次、序列化的体验式学习模式。

(二)开发了多门校本课程(或主题单元设计)

我们以学校的教育理念"性灵"教育为指导,开发了多门突出培育学生现代商业素养的校本课程(或主题单元设计)——特色课程。因为既要考虑课程内容能呈现现代商业素养的主要内涵,同时又要与当前已有的课程架构相融合,而且学习方式应符合核心素养背景下的要求,所以我们呈现的特色课程是这样的:"商之术"、"商之法"和"商之道"是课程的重要内容;运用体验式的学习方式,在与学科课程的有机结合,与拓展课程的广泛结合,与综合实践活动课程的深度融合中建构学校特色课程,培育现代商业素养。一是形成8个主题单元设计,分别涉及(语文、数学、英语、化学、历史、生物和信息);二是开发了20多门学科拓展课程。如,"中学生投资理财"、"小小操盘手"等。三是开发了多门综合实践活动课程。如"基于校史资源的研学旅行课程"、"职业体验课程"和"澄衷戏剧体验"等。

(三)提炼了多种评价方式

我们以促进学生学习为目的,积极开展多元评价探索,在实践的基础上,总结了四种评价方式。这些方式都强调学生的主体性,把思考问题的视角聚焦在学生的学习,要求他们在学习过程中不断地回顾、检测和反思。首先要明确自己所要达到的目标,然后懂得自我检测,并从检测中找到可供进一步学习的信息,反馈于自己的学习、指导自己的学习。如,成长记录袋评价、积分制评价等。

(四)构建了课题实施的保障机制

为了确保课题的有序推进,我们确立了四个方面的课题保障措施,即思想引领、组织保障、专业研修和资源整合。

二、主要结论

(一)体验是普通高中"现代商业素养培育"的重要方式

体验这一学习方式符合高中生提升思维品质的身心发展特点,有助于高中生接触商业社会、观察商业现象和思考商业运作的规律,并运用所学尝试解决商业问题,培育学生的现代商业素养。因为体验强调的学生要通过商业实践来认识商业社会、商业事件和商业行为等,教师要尊重他们的直观感知,这有利于后续学习的顺利展开。同时,这种学习方式要求学生对经验进行反思,并从学科理论、知识的高度领悟直观感受和体验,还要在不同情境下进行知识迁移,这意味着学生必须要在感知与领悟的统一中提升自我,这是符合高中生思维发展的要求的。

(二) 课程是普通高中"现代商业素养培育"的核心载体

特色课程是突出培育学生现代商业素养的校本课程。特色课程的开发,从学校的文化和特色出发,以"性灵"教育理念为指导,并在对学生调研分析的基础上设计和实施的,兼顾不同学生的生涯规划,满足不同学生的能力发展需求;同时也考虑了教师的课程开发能力、学校课程资源等因素,有助于激发教师主体的课程开发智慧,促进课程开发技术和流程的规范化,推进教师的专业发展,深化普通高中课程改革。

我们呈现的特色课程有如下特点:"商之术"、"商之法"和"商之道"是课程的重要内容;运用体验式的学习方式,在与学科课程的有机结合,与拓展课程的广泛结合,与综合实践活动课程的深度融合中建构学校特色课程,培育现代商业素养。

(三) 评价是普通高中"现代商业素养培育"的重要动力

我们以促进学生学习为目的,积极探索多元的评价式,如成长记录袋评价、差异性评价等,促进教师转变评价观念,在多元评价的实践中全方位多视角地了解学生的学习情况,从而提供更准确的学习改进策略,帮助学生明确努力的方向,更好地发挥学生的主体作用,促进学生的学习。

第六部分 研究反思与展望

学校的现代商业博物馆正在建设,校本课程正在紧锣密鼓地撰写,我们正在积极探索现代商业素养培育之路。在不断摸索的过程中,校本课程的开发和体验式学习方式的实施已积累了些许成果,但还应从更高、更远的视角看待现代商业素养的培育。尤其是课程的广泛性和深刻性方面,以及体验式学习方式运用的规范性和可操作性方面的矛盾,都需要我们去研究和解决。

一、完善"现代商业素养培育"的课程

(一) 拓展和深化"现代商业素养培育"的课程

目前现已开发的学科课程主题单元设计、拓展课程和综合实践活动课程,都是以本校教师为主体设计和实施的。今后的课程设计和实施,可以采用专家引领下的课程设计和实施的模式。课程的设计和实施的主体依然是本校教师,但可以适当地借助专家的力量。专家的来源主要有三个:一是来自与我们共建的大学:复旦大学管理学院和上海立信会计金融学院的教师和学生;二是学生的家长;三是学校所在地(北外滩地区)的共建单位。通过聘请专家学者到校内举办专题讲座、培训教师、指导课程设计等,帮助我校教师突破课程选题和课程编排等方面的局限,优化课程设置,提升学校特色教育的深度和广度。

(二) 反思在学科中有机结合"现代商业素养培育"的方法

在课堂内进行现代商业素养的知识、技能和价值观教育,拓展学科教育内容的内涵和外延,当前虽已在7个学科进行了探索,积累了一些经验,但还需继续研究和实践,主要思考以下两个问题:一是当前已在7个学科进行了试验性的探索,所取得的这些成果在哪些方面还能继续完善?这7个学科经过继续实践和研究,是否能取得新的成果?二是当前尚未参与的几个学科,是否也有跟进研究的可能性?

(三) 有针对性地设计"现代商业素养培育"的活动

要立足于现代商业素养培育的设计和开展思维活动、实践活动。一是组织有助于提高学生思维能力、引领学生确立正确价值的活动。如,辩论社的辩论活动。其中,辩题的确立应立足于现代商业背景,从大众关注的热点、学生思想的疑点中提炼出有助于提高学生现代商业素养的辩题。二是创造机会组织学生走向社会,联动课内外学习,联动学科学习与活动。如,研学旅行活动。鼓励学生不仅通过现代商业主题的实践活动获得第一手的直接经验,在此基础上引导他们整理经验,围绕相关主题通过问题链、认知对比等方式,融语文、数学和英语等学科要素为一体,在深刻的互动中综合运用学科知识和方法,深化知识、激发情感和发展素养。

二、探索兼具规范性和可操作性的体验式学习方式

从目前已有的体验式学习方式的运用来看,还存在着运用的规范性和可操作性方面的矛盾有待解决。根据心理学家库伯的理论来看,体验式学习方式包括以下四个关键环节(阶段):直接体验——观察、反思——概念化——主动检验。已有的研究表明,今后要引导教师加强第三和第四个环节的设计和落实,探索兼具规范性和可操作性的体验式学习方式。

第七部分 主要参考文献

[1] 中华人民共和国教育部.普通高中课程方案和语文等学科课程标准(2017年版)[S].北京:人民教育出版社,2018.
[2] [美]D·A·库伯.体验学习 让体验成为学习和发展的源泉[M].上海:华东师范大学出版社,2008.
[3] 郑淼.体验式课程的评价研究[D].上海师范大学,2013.
[4] 曹胜利.创新创业教育呼唤模拟教学与体验式课程[J].实验技术与管理,2009,08:1—4.
[5] 财经素养亟待纳入学校教育[J].教学月刊·中学版(教学管理),2014,03:27.
[6] 董筱婷.美国财经素养教育上升为国家战略[J].上海教育,2014,02:27—31.
[7] 本刊编辑部.财经素养亟待纳入学校教育[J].上海教育,2014,02:1.
[8] 王韦.基于徽商文化背景下的商科学生商业素质培养模式创新的几点思考[J].湖北经济学院学报(人文社会科学版),2014,11:169—170.
[9] 张晋光,涂永式,贺和平.试析现代商业的新特征[J].商业时代,2008,28:11—12.
[10] 邵传林,张存刚.历史因素、制度变迁与现代商业精神[J].浙江工商大学学报,2015,03:81—92.
[11] 杭中茂.现代商业与商业现代化[J].无锡商业职业技术学院学报,2004,01:1—3.
[12] 林浩卓.文化传统与现代商业伦理建设[J].人力资源管理,2018(05):604—605.
[13] 张道文."晋商"的商业实践与现代"商业文明"构建[J].决策与信息,2018(10):78—85.
[14] 雷盼盼,吴虹.粉丝经济对现代商业发展的影响和作用研究[J].全国商情,2016(32):5—6.
[15] 郑礼媛.对现代商业文化的几点认识[J].商业文化,2016(14):18—23.

[16] 陈丽等.普通高中特色建设:谋划与实施[M].北京:北京师范大学出版社,2014.10.

[17] 马淑颖.航海魂与大学味——大学附中文化创新特色办学之路[M].上海:上海教育出版社,2016.8.

[18] 蒲春燕等.勤学致博,笃行达雅——四川省成都市娇子小学课程建设与学校发展研究[M].北京:教育科学出版社,2015.12(2016.6 重印).

[19] 杨亢尔.唯有适合　成其发展——浙江省武岭中学课程建设与学校发展研究[M].北京:教育科学出版社,2017.10.

(本报告执笔人:潘红星　施丹丹　柳　毅)

附录二：

学校近五年开展的"澄衷讲坛"一览表

时间	主讲人	主讲人职务	讲座主题
2013.5.24	张伟强	上海航天局正局级调研员 澄衷校友会副会长	《实现航天强国梦》
2013.11.29	刘况廷	旭富国际集团总裁 虹口区15届、16届人大代表	《明天从今天开始，未来由脚下起步》
2014.5.23	华乐	江海证券首席分析师	《最初的梦想》
2014.10.10	刘立德	中国驻马里和科特迪瓦大使	《我的外交生涯》
2014.11.28	姚尔畅	上海师范大学美术学院副教授	《美育与美术》
2015.4.10	欧阳华	上海大学副校长	《大学生活适应和漫谈》
2015.4.7	王公达	上海商业经济学会第五届理事会理事、常务理事 上海商业会计学校副教授	《上海商业一条街》
2015.4.27	王公达	上海商业经济学会第五届理事会理事、常务理事 上海商业会计学校副教授	《上海商业中心和商业业态》
2015.5.11	池丽华	上海商学院管理学院副院长、副教授	《创新，永恒的主题》
2015.5.19	周勇	上海商学院管理学院教授	《商业改变世界》
2015.5.22	苗芸	上海交大附属上海儿童医院儿科副主任	《走进象牙塔》
2015.9.11	徐强	上海市建筑科学院（集团）总公司总工程师	《锲而不舍，一路追梦》
2015.10.9	周昱	国际认证职业培训师和咨询师	《给梦想插上翅膀》

续表

时间	主讲人	主讲人职务	讲座主题
2015.10.14	尹后庆	上海市教委原副主任 上海市教育学会会长	《我的教育理想》
2015.11.20	张志斌	《第一财经日报》财经记者	《学会理财,为亮丽人生插上翅膀》
2016.3.11	李乐汇	知名外资企业HR总监	《未来只缺一个你》
2016.5.27	胡耀祺	金融期货交易所高级经理	《经济人生,奋斗青春》
2016.6.3	陆雄文	复旦大学管理学院院长	《读大学对一个人意味着什么》
2016.10.14	孙金云	复旦大学管理学院副教授	《"领导"来了》
2016.11.25	齐铁偕	新华画院院长 华东师范大学教授	《诗歌、书法、音乐与绘画》
2016.12.9	郑琴琴	复旦大学管理学院副教授、博士	《管理与沟通》
2017.4.14	贾子剑 项昊天 范吟川	复旦学子	《我和复旦有个约会》 《大学的千里路》 《日月光华,旦复旦兮》 《读万卷书,行万里路》
2017.5.27	钱平雷	上海市楼宇科技研究会副理事长、秘书长	《步向"通才"之路》
2017.10.20	陈贤德	上海市书法家协会会员 浦东新区美术家协会理事	《漫谈艺术欣赏和修养》
2017.12.9	王倚山	荣宝斋上海拍卖有限公司副董事长、总经理 虹口区人大代表	《传统文化和经济效益》
2018.4.27	顾珏琮	浦东新区检察院未检处命名检察官	《青春六面镜》
2018.5.24	王启元	复旦大学中华古籍保护研究院研究员	《听复旦学长畅谈人生,助澄衷学子走近梦想》
2018.10.12	郑柏林	曾任中国银行上海分行行长 纽约分行总经理	《努力成为一个对国家有用的人才》
2018.11.23	刘华	国家电投所属企业人力资源总监	《与更好的我,在未来相遇》

续 表

时间	主讲人	主讲人职务	讲座主题
2018.11.30	顾正祥	著名翻译家	《学海无涯苦作舟》
2019.2.20	孙金云	复旦大学管理学院副教授	《移动互联网时代的商业逻辑》
2019.3.22	陈默	上海心理协会基础教育专业委员会秘书长	《考前焦虑问题的调适》

后 记

  普通高中特色发展是国家对高中教育提出的新要求,是百年老校重新焕发青春活力的一次历史机遇,也是全体澄衷人面向未来的自觉选择。

  近五年来,我们始终坚持用"陶冶性灵、启迪智慧、涵养气质"的办学理念指导我们的实践:"育有个性的学生,塑有风格的教师,办有特色的学校。"我们始终坚持"传承+创新"的发展思路,继承学校传统文化特色,并使之在新时期"现代商业素养培育"的新任务中重新熠熠生辉。为了留下我们实践的脚步,我们始终坚持边实践边记录,边记录边梳理,这本书的雏形便逐渐生成。

  本书不仅翔实地记录了我们近几年的发展轨迹,还清晰地展现了我们所收获的阶段成果:

  近五年,学校集体荣誉:先后获得2015—2016年度上海市文明单位、2017—2018年度上海市安全文明校园、上海市体育传统特色项目校、上海市学校系统共青团工作示范校、上海市依法治校示范校、上海市首批文明校园(已公示)、虹口区第十二届教育科研工作先进集体、虹口区校务公开工作先进单位、虹口区教育系统行风建设优秀单位、虹口区见习期教师培训示范校、虹口区安全目标责任履职年度考核优秀校、虹口区行为规范教育三星级示范校、虹口区语言文字规范化示范校、虹口区影视教育特色项目校、虹口区戏剧进校园特色项目校、虹口区未成年人暑期工作先进集体等荣誉称号,虹教系统基层党政领导干部考核集体表扬和学年进步奖。

  近三年,师生集体荣誉:国家级2项,市级17项,区级50项,其中,学校的阅读和演讲课题成果获区、市一等奖,上海市基础教育改革成果二等奖。

  近三年,教师荣誉:国家级14项,市级25项,区级53项,其中,徐晶老师荣获上海市优秀班主任称号,上海市班主任基本功比赛一等奖。

  近三年,学生荣誉:国家级14项,市级60项,区级220项,其中,高瑞杰同学因舞台剧表演出色,荣获全国最美中学生称号,多名学生在上海市"未来杯"社会实践活动中荣获等第奖,学生在全国学生领导力展示、全国商业挑战赛、市级"未来杯"商业精英赛等比赛中都有不俗的表现。

近三年特色发展初步成效：

2016年，学校成功申报为上海市第二批特色普通高中建设项目学校；2018年6月，在市特色普通高中项目组组织的小组交流中名列小组第一；2018年12月，虹口区委常委、分管区长高香、上海市教委副主任贾炜、虹口教育局党工委书记黄丽芳等市区领导亲临澄衷过渡校区调研，给了我们莫大的鼓舞。区委、区政府、区教育局全力支持学校创建特色高中。学校改扩建列入区十三五重点工程项目，正在实施。未来将有一批现代商业素养特色培育的体验场馆在新校进驻。

学校现代商业素养特色课程从无到有。学校现代商业素养特色课程与学科课程的有机结合，正在收集案例，计划结集出版；有现代商业素养基础类拓展课程，如"生活中的管理学"、"生活中的经济学"、"生活中的会计学"、"商业模式创新"、"设计思维"、"个人信用与生活"、"诚信"等十余门；有学科与现代商业素养融合类拓展课程，如"我是小小操盘手"等十余门；有学科类拓展课程，如"经典儿童文学赏析"等几十门；澄衷讲坛微型课程30余门，即将出版；高一高二每个班级设有现代商业素养图书角，定期组织读书活动；社团和生涯规划等与现代商业素养深度融合，徐雪君副校长撰写的"双导"学生生涯规划案例荣获上海市综合素质评价二等奖；每个班级都有学生公司，并试点以"契约精神"培养为抓手，将现代商业素养培育渗透至班级的日常管理中；开设香港、宁波、绍兴、上海等研学线路多条；研究性学习课题全部与现代商业素养培育结合，每年几十个结题课题，2019届学生成果已结集出版；有《个人信用与生活》等慕课十余门。

澄衷学子观演澄衷原创历史剧《天下之利》；学校通过与JA合作开展金融理财赛，邀请其他学校参加，已成功举办两届；学校还通过商业嘉年华活动，承办市级的JA学生公司展示活动等形式辐射更多的学校，创立自己学校的特色品牌。

从最近一次开展的全员家长问卷反馈，91.6％家长认同学校的特色建设。

学校被各类媒体报道170次，其中，有关特色的报道近70次，接待全国各地代表团20多个。学校每年推公众号近50期。

近三年学业质量成效：2016年，学校的高考本科率为81.6％，2017年为实施新高考元年，学校本科率为91.2％，较上一年上升近十个百分点，2018年94.5％，再创历史新高；学业合格考7门学科有5门实现了100％合格，地理学科2018年在全市进步80名。

非常感谢近几年来与学校共同成长的同伴们，正是因为有了大家在教育教学实践中的持续探索和及时梳理、总结与反思，才使本书的出版成为现实。

本书主要执笔人：潘红星；

综合实践课程开发团队：徐雪君、陆巍、邓敏、柳毅、周园臻；

其中研究型课程开发团队：杭文韬、吕艳、冷红兰、陈佳阳、丁晓红、周围、苏展、周园臻、杨泉；

拓展课程开发团队：丁志伟、谢淑玉、杭文韬、周园臻、冷红兰、沈贤、陈霖、陈佳阳、周围、刘健凡、刘秀春、吕艳、范月红、唐艳茹、周生辉、黄海华、黄蕙、王辛月、张婷婷；

基础课程有机结合团队：阮冬云、丁志伟、范月红、刘健凡、冷红兰、陈佳阳、陈征文、陈朦朦、吕艳、赵瑾；

《高中生现代商业素养培育体验式课程的开发和实践》结题报告执笔人：潘红星、施丹丹、柳毅；

本书的校史研究部分根据原校友会会长、特级教师张立茂的研究成果整理；

本书的编写得到《澄衷》杂志社同仁的支持，编辑团队：阮冬云、施丹丹、徐晶、金文礼、周园臻、邓敏、丁志伟；

学生的体会文章得到语文组施雯、钱灵杰、瞿晨颖、黎娟等老师的修改。

事实上，本书不仅仅是全体澄衷教育人集体智慧的结晶，其中，许多课程与教学改革，都离不开领导和专家的引领和持续指导。如，虹口区科研室邵骥顺主任和他的团队对我们立项市级课题的指导；市特色普通高中项目组组长胡兴宏和副组长徐士强对我们特色定位和持续推进的指导；市教育学会领导、市教委领导、虹口区分管区长及教育局领导给予的政策、财力和资源方面的指导帮助；学校责任督学陆启光校长给书稿最后修改润色。正是因为有了以上各位的倾力指导和关心，本书才能出现在读者面前。

当然，本书中的成果只是我们特色培育的初步成果，是我们的前期尝试与探索，还存在很多不成熟、不完善的地方，期待得到同仁们的宝贵建议。在未来的道路上，我们将深化课题研究，以课题为引领，持续推进特色实践，通过特色创建的市级展示和申报，力争早日成为上海市特色普通高中。

执笔人：潘红星
2019 年 4 月 3 日

学校课程深度变革丛书

书名	ISBN	定价	出版时间
进入学科深处的六个秘密	978-7-5675-5810-6	28.00	2016年12月
新美课程:演绎生命之诗	978-7-5675-7552-3	48.00	2018年5月
跨界学习:学校课程变革的新取向	978-7-5675-7612-4	34.00	2018年6月
以学习为中心的课程实施	978-7-5675-7817-3	48.00	2018年8月
聚焦学习的课程评估:L-ADDER课程评估工具与应用	978-7-5675-7919-4	40.00	2018年11月
学科核心素养与学科课程群	978-7-5675-8339-9	48.00	2019年1月
大风车课程:童趣与想象	978-7-5675-8674-1	38.00	2019年3月
蒲公英课程:综合实践活动课程的校本创意与深度	978-7-5675-8673-4	52.00	2019年3月
MY课程:叩响儿童心灵	978-7-5675-7974-3	39.00	2018年10月
课程实施的10种模式	978-7-5675-8328-3	45.00	2019年1月
聚焦式课程变革:制度设计与深度推进	978-7-5675-8846-2	36.00	2019年4月
以素养为核心的学科课程图谱	978-7-5675-9041-0	58.00	2019年4月
全经验课程:在地文化与实践演绎	978-7-5675-8957-5	54.00	2019年6月

课堂教学转型丛书

书名	ISBN	定价	出版时间
上一堂灵魂渗着香的课	978-7-5675-3675-3	36.00	2015年8月
把课堂打造成梦的样子	978-7-5675-3645-6	26.00	2015年8月
整个世界都是教室	978-7-5675-5007-0	22.00	2016年6月
寻找课堂教学的文化基因	978-7-5675-5005-6	22.00	2016年5月
课堂是一种态度	978-7-5675-3871-9	28.00	2015年10月
给孩子最美好的东西	978-7-5675-4200-6	30.00	2015年11月

书名	ISBN	定价	出版时间
把每一个孩子深深吸引	978-7-5675-4150-4	24.00	2016年1月
每一间教室都有梦	978-7-5675-4029-3	30.00	2015年10月
课堂,可以春暖花开	978-7-5675-3676-0	24.00	2015年10月
课堂,与美相遇的地方	978-7-5675-5836-6	24.00	2017年1月
赴一场思想的盛宴	978-7-5675-5838-0	28.00	2017年1月
突破平面学习:神奇的"南苑学习单"	978-7-5675-5825-0	29.00	2017年1月
让学习看得见:"226"教改实验研究	978-7-5675-6214-1	32.00	2017年4月
每一种意见都很重要:"责任课堂"的维度与操作	978-7-5675-6216-5	30.00	2017年4月

品质课程丛书

书名	ISBN	定价	出版时间
活跃的课程图景	978-7-5675-6941-6	42.00	2017年11月
课程情愫:学校课程发展的另类维度	978-7-5675-7014-6	42.00	2017年11月
突破大杂烩:有逻辑的学校课程变革	978-7-5675-6998-0	52.00	2017年11月
课程群:学习的深度聚焦	978-7-5675-6981-2	45.00	2017年11月
嵌入式课程:特色课程的路径和方略	978-7-5675-6947-8	42.00	2017年11月

课堂教学新样态

书名	ISBN	定价	出版时间
一百个孩子,一百个世界:基于差异的教学变革	978-7-5675-6810-5	32.00	2017年10月
让课堂洋溢生命感:L-O-V-E教学法的精彩演绎	978-7-5675-6977-5	32.00	2017年11月
课堂如诗:"雅美课堂"的姿态	978-7-5675-7219-5	36.00	2018年3月
近处无教育	978-7-5675-7536-3	32.00	2018年3月
课堂,与美最近的距离	978-7-5675-7486-1	32.00	2018年4月

课堂,涵养生命的园圃	978-7-5675-7535-6	36.00	2018年6月
协同教学:意蕴与智慧	978-7-5675-8163-0	42.00	2018年9月
课堂不是一个盒子	978-7-5675-8004-6	38.00	2019年1月
在教室里眺望世界:基于BYOD的教学方式变革	978-7-5675-8247-7	48.00	2019年3月

特色学校聚焦丛书

每一个孩子都是一棵树	978-7-5675-6978-2	28.00	2018年1月
教育不是一个人的事:"众教育"36条	978-7-5675-7649-0	32.00	2018年8月
不一样的生命,一样的精彩	978-7-5675-8675-8	34.00	2019年3月
童味正醇:特色学校的文化图谱	978-7-5675-8944-5	39.00	2019年8月
特色普通高中课程建设探索	978-7-5675-9574-3	34.00	2019年10月